Les Villes d'Art célèbres

HENRI GUERLIN

Ségovie, Avila et Salamanque

H. LAURENS, Éditeur.

LES VILLES D'ART CÉLÈBRES

Ségovie, Avila et Salamanque

MÊME COLLECTION

Amsterdam et Harlem, par L. DUMONT-WILDEN, 128 gravures.

Athènes, par Gustave FOUGÈRES, 168 gravures.

Avignon et le Comtat-Venaissin, par André HALLAYS, 127 gravures.

Bâle, Berne et Genève, par Antoine SAINTE-MARIE-PERRIN, 115 gravures.

Barcelone et les grands sanctuaires catalans, par G. DESDEVISES DU DÉZERT, 144 gravures.

Blois, Chambord et les Châteaux du Blésois, par Fernand BOURNON, 101 gravures.

Bologne, par Pierre DE BOUCHAUD, 124 gravures.

Bordeaux, par Ch. SAUNIER, 105 gravures.

Bourges, et les Abbayes et Châteaux du Berry, par G. HARDY et A. GANDILHON, 124 gravures.

Bruges et Ypres, par Henri HYMANS, 116 grav.

Bruxelles, par Henri HYMANS, 137 gravures.

Caen et Bayeux, par H. PRENTOUT, 104 grav.

Carthage, Timgad, Tébessa, et les villes antiques de l'Afrique du Nord, par René CAGNAT, de l'Institut, 113 gravures.

Clermont-Ferrand, Royat et le Puy-de-Dôme, par G. DESDEVISES DU DÉZERT et L. BRÉHIER, 142 gravures.

Cologne, par Louis Réau, 127 gravures.

Constantinople, par H. BARTH, 103 grav.

Cordoue et Grenade, par Ch.-E. SCHMIDT, 97 gravures.

Cracovie, par Marie-Anne DE BOVET, 118 grav.

Dijon et Beaune, par A. KLEINCLAUSZ, 121 gravures.

Dresde, par G. SERVIÈRES, 119 gravures.

Florence, par Émile GEBHART, de l'Académie française, 176 gravures.

Fontainebleau, par Louis DIMIER, 109 gravures.

Gand et Tournai, par Henri HYMANS, 120 gravures.

Gênes, par Jean DE FOVILLE, 130 gravures.

Grenoble et Vienne, par Marcel REYMOND, 118 gravures.

Le Caire, par Gaston MIGEON, 133 gravures.

Londres, Hampton Court et Windsor, par Joseph AYNARD, 164 gravures.

Lyon, par Henri d'HENNEZEL, 124 gravures.

Milan, par PIERRE-GAUTHIEZ, 109 gravures.

Munich, par Jean CHANTAVOINE, 134 gravures.

Moscou, par Louis LÉGER, de l'Institut, 93 grav.

Nancy, par André HALLAYS, 118 gravures.

Naples et son Golfe, par ERNEST LÉMONON, 124 gravures.

Nevers et Moulins, par Jean LOCQUIN, 130 gravures.

Nîmes, Arles, Orange, par Roger PEYRE, 85 gravures.

Nuremberg, par P.-J. RÉE, 106 gravures.

Oxford et Cambridge, par Joseph AYNARD, 92 gravures.

Padoue et Vérone, par Roger PEYRE, 128 gravures.

Palerme et Syracuse, par Charles DIEHL, 129 gravures.

Paris, par Georges RIAT, 151 gravures.

Pérouse, par René SCHNEIDER, 115 gravures.

Pise et Lucques, par Jean DE FOVILLE, 129 gravures.

Poitiers et Angoulême, par H. LABBÉ DE LA MAUVINIÈRE, 113 gravures.

Pompéi (Histoire — Vie privée), par Henry THÉDENAT, de l'Institut, 123 gravures.

Pompéi (Vie publique), par Henry THÉDENAT, de l'Institut, 77 gravures.

Prague, par Louis LÉGER, de l'Institut, 111 grav.

Ravenne, par Charles DIEHL, 134 gravures.

Rome (L'Antiquité), par Émile BERTAUX, 141 gravures.

Rome (Des catacombes à Jules II), par Émile BERTAUX, 117 gravures.

Rome (De Jules II à nos jours), par Émile BERTAUX, 100 gravures.

Rouen, par Camille ENLART, 108 gravures.

Saint-Pétersbourg, par Louis RÉAU, 150 grav.

Séville, par Ch.-Eug. SCHMIDT, 111 gravures.

Stockholm et Upsal, par Lucien MAURY, 128 gravures.

Strasbourg, par Henri WELSCHINGER, de l'Institut, 117 gravures.

Tours et les Châteaux de Touraine, par Paul VITRY, 107 gravures.

Troyes et Provins, par L. MOREL-PAYEN, 120 gravures.

Tunis et Kairouan, par Henri SALADIN, 110 gravures.

Venise, par Pierre GUSMAN, 133 gravures.

Versailles, par André PÉRATÉ, 149 gravures.

Les Villes d'Art célèbres

Ségovie, Avila et Salamanque

PAR

HENRI GUERLIN

Ouvrage orné de 121 Gravures

PARIS
LIBRAIRIE RENOUARD, H. LAURENS, ÉDITEUR
6, RUE DE TOURNON, 6

1914

Phot. Hauser et Menet.

Avila. — L'enceinte (partie ouest).

AVANT-PROPOS

Lorsque les Espagnols eurent reconquis sur les Maures la Péninsule, ce haut plateau si rude par son climat, si austère par ses aspects, qui va des monts cantabriques à la ligne du Guadarrama prolongée par la Sierra de Gredos, la Sierra de Francia et la Sierra de Gata, les rois de Castille, prévoyant un retour offensif de l'ennemi, se préoccupèrent de rendre cette muraille infranchissable. Les rivières qui descendent vers le bassin du Duero, l'Eresma, l'Adaja, le Tormes, aux eaux torrentielles en hiver, aux lits desséchés dès les premières chaleurs de l'été, dessinaient pour les armées d'invasion des routes naturelles. Aussi les plus lointains ancêtres les avaient-ils barrées par de puissantes citadelles, qui s'appelèrent Ségovie, Avila et Salamanque. Quand Alphonse VI se fut rendu maître de la *Meseta* ibérique (à la fin du XIe siècle), les guerres avaient fait du pays un véritable désert, et ces places fortes ne montraient plus que des ruines. Il chargea son gendre Raymond de Bourgogne de les repeupler. Celui-ci releva donc les murailles ruinées et appela pour occuper les villes ressuscitées des familles venues de son pays natal, du reste de l'Espagne, et du Portugal. La population de ces trois villes est donc en partie d'origine française. Toutes les trois ont été au début du XIIe siècle, les citadelles avancées de l'Espagne chrétienne. Et c'est, en vérité, à peu près le seul lien qu'elles aient entre elles. Sans doute elles ont participé à tous les grands mouvements qui agitèrent la

Phot. de l'Auteur.

Ségovie. — L'alcazar, vue prise des bords de l'Eresma.

vieille Castille ; toutes les trois fournirent leurs contingents aux armées qui luttèrent contre les Maures ; toutes les trois prirent part aux désordres qui marquèrent la fin du lamentable règne de Henri IV et les débuts d'Isabelle la Catholique, à la révolte des *comuneros*, aux luttes contre les troupes de Napoléon. Cependant de l'une à l'autre les communications étaient rares et difficiles. La nature a tellement isolé les vieilles villes de l'Espagne que chacune a pris, selon sa situation et son histoire, une physionomie différente. Ségovie, dressant ses tours sur un éperon à pic au-dessus du frais vallon de l'Eresma, offrait aux rois de Castille un refuge sûr autant qu'une résidence agréable où ils aimaient à se reposer de leurs chevauchées dans le Sud. Ils rapportaient du pays des Maures de riches butins et le goût des décorations somptueuses. Et pour que leur Alcazar de Ségovie, copié, dit-on, sur celui de Tolède, pût rivaliser avec les palais des émirs, ils ne dédaignaient pas d'employer des ouvriers arabes ou israélites.

C'est pourquoi des trois villes que nous allons étudier, Ségovie est celle qui présente le plus le caractère *mudéjar*[1]. Dans la solitude de son plateau glacé, Avila a gardé le sobre vêtement qui convenait à sa vie austère, vie de guerrière et d'ascète. Les rois ne s'y réfugiaient qu'aux heures tragiques, où l'on n'a point souci des vaines somptuosités. Ils n'y ont paré qu'un tombeau. Tout ce qui n'était point consacré à Dieu gardait une simplicité qui allait jusqu'à la sévérité. Avila n'a guère demandé aux Arabes que des principes de fortifications. Car une réputation séculaire les avait fait considérer comme les maîtres dans l'art de la guerre, selon la loi qui veut qu'un peuple vaincu aille demander au vainqueur des leçons d'art militaire. En revanche, c'est de nos architectes français que l'Espagne d'alors, et en particulier Avila, reçut les modèles de ses édifices religieux. On pourrait en dire autant de Salamanque. Mais celle-ci se trouvant protégée par ses deux voisines, dans une contrée moins rigoureuse et plus paisible, eut mieux qu'elles le loisir de se livrer à l'étude des arts et des lettres. Elle obtint des souverains la destruction de son

Phot. Hauser et Menet.

Salamanque. — Eglise San Esteban.

1. Ce mot vient de l'arabe *mudejalat*, soumis. On l'applique aux œuvres exécutées par des artistes arabes ou juifs, soumis aux chrétiens.

alcazar dont la silhouette dominatrice l'inquiétait plutôt qu'elle ne la rassurait. Nulle cité n'était mieux préparée à prendre part au mouvement qui, dans toute l'Europe, ramenait les esprits vers le culte de l'antiquité artistique et littéraire. Aussi vit-on se développer à Salamanque, au moment de la Renaissance, un art singulièrement aimable et fleuri. Salamanque est une véritable ville d'art. Le style dit plateresque y atteignit son apogée.

Une formule pittoresque définirait à merveille chacune de ces trois villes. Nous dirions que Ségovie est la cité des chevaliers et des rois, Avila la cité des moines, Salamanque la cité des docteurs et des artistes. Chacune a gardé jusqu'à nous la physionomie caractéristique qu'elle avait au temps de sa splendeur. Et c'est ce qui rend si émouvante une visite à ces illustres villes castillanes.

Phot. de l'Auteur.

Ségovie. — Palais du marquis de Quintanar.

La cathédrale.

SÉGOVIE

I. — LA SITUATION

Après Tolède et Grenade, il n'y a pas, en Espagne, de cité jouissant d'une situation aussi impressionnante que Ségovie. Au sommet d'un rocher à pic, toutes ses tours, celles des maisons fortes, celles de l'enceinte, celles de l'alcazar, les dômes de la cathédrale, la foule des clochers d'église, lui font une silhouette d'un autre âge. A l'est, les formidables arches d'un aqueduc romain apportent à la ville les eaux de la *sierra;* à l'ouest, les tours de l'alcazar s'avancent à l'extrême bout du promontoire, au-dessus d'un gouffre, au fond duquel deux torrents se rejoignent avec un grand tumulte. D'un côté, c'est l'Eresma, de l'autre, le Clamorès. Le lit de l'Eresma est taillé dans un tuf ocreux, dont les couches se superposent horizontalement, en une série de terrasses qui portent un sol poudreux et doré, — un véritable désert s'étendant jusqu'à perte de vue. Cependant le long du *rio*, il y a quelques saules et quelques peupliers qui font à la ville une couronne de verdure. Les gens du pays appellent cette oasis un paradis terrestre,—*paraiso terrenal*. C'est là, au bord de la rivière, que se cache l'église de Santa Cruz, et que se dressent, dominant les cimes des arbres, les murailles roussies du fameux couvent du Parral et de l'ancienne église des Templiers, la Vera Cruz. De l'autre côté de l'alcazar, le site est tout différent. Au fond de la vallée, le Clamorès roule ses eaux bruyamment. Puis, sur le versant opposé au château, ce sont les premières pentes du Guadarrama, où paissent les troupeaux, à l'ombre des pins parasols; et, là-bas, l'on aperçoit les montagnes bleues. On a comparé Ségovie à un immense vaisseau, dont la rivière serait le sillage.

II. — L'ANTIQUITÉ. L'AQUEDUC

Une telle forteresse naturelle, ayant pour ouvrages avancés les pics glacés du Guadarrama, a dû être utilisée depuis qu'il y a dans la péninsule des hommes ayant à se défendre contre des hommes. De ce passé lointain, que nous devinons, il ne reste d'autres traces que des pierres et des légendes. Négligeons celles-ci, qui n'ont même pas l'avantage d'être ingénieuses, ni le charme de perpétuer les inventions naïves écloses dans l'âme populaire. Que nous importe de savoir que quelque chroniqueur, désirant forger à sa ville natale des titres de noblesse, lui donne comme fondateur Hercule, la reine Ibérie ou le roi Hispanus ? Les témoignages fournis par les pierres sont autrement précieux. Mais ils sont rares.

Les plus anciens sont incontestablement ces énormes bêtes de pierre grossièrement épannelées qui dorment dans différents coins de la ville, et, notamment, contre la muraille du musée, derrière l'église Saint-Martin. Taureaux, porcs ou sangliers, ces monstres étranges abondent en Espagne et en Portugal ; nous en retrouverons à Salamanque et à Avila. Sont-ce les idoles d'un culte inconnu ? A quelle race primitive convient-il d'en attribuer la paternité ? Ibérique ou phénicienne ? Tout ce qu'on peut dire, c'est que ces grossières sculptures sont extrêmement anciennes, probablement très antérieures à l'occupation romaine.

Celle-ci nous a laissé un souvenir magnifique : cet aqueduc, dont les cent vingt-huit arches apportent encore à la ville l'eau claire du Riofrio. Cette étonnante construction faite de blocs massifs assemblés à joints vifs, sans mortier ni ciment, avait vivement frappé l'imagination des anciens. Et ils n'avaient cru pouvoir mieux faire que de placer la statue d'Hercule dans une niche des plus hauts piliers, là où se trouve maintenant une effigie de la Vierge. Ce dieu des travailleurs était en effet bien à sa place sur ce travail colossal, dont on ne tarda pas à lui faire honneur à lui-même. Le moyen âge imagina une fable plus ingénieuse. Au dieu païen, il substitua Lucifer. Et comme le diable se fait galant dès qu'il est en terre espagnole, on raconta qu'il avait édifié cette merveille en une nuit, pour épargner à une jeune fille, belle comme elles le sont en Espagne, la rude tâche d'aller puiser de l'eau péniblement de l'autre côté du ravin.

Laissons la fable pour l'histoire. Il serait dangereux de vouloir attribuer une date précise à ce monument. On le fait généralement remonter au temps de Trajan. Des trous que l'on remarque encore dans le bandeau de pierre qui sépare la niche de la Vierge des archivoltes du premier étage, prouvent que de grandes lettres de bronze y avaient été clouées. Cette inscription a été détruite au début du XVIe siècle.

Phot. de l'Auteur.

L'aqueduc romain.

Lorsque Ségovie eut été reprise aux Arabes, l'aqueduc était en si piteux état que l'on n'avait pas même le soupçon qu'il pût de nouveau être utilisé. On y prit des matériaux pour reconstruire les murailles. Ce fut la reine Isabelle qui eut la gloire de restaurer l'œuvre des Romains. Trente-huit arches étaient alors ruinées entre le couvent de la Conception et San Francisco. Elle choisit comme ingénieur un jeune moine du Parral, âgé de vingt-huit ans, qu'on appelait fray Juan Escovedo. L'œuvre dura de 1484 à 1489, époque où mourut cet habile architecte.

Et voici comment l'œuvre des Romains dresse encore aujourd'hui ses deux étages d'arcades au-dessus de la pittoresque place de l'*Azoquejo*. Comme le nom l'indique, un marché — *souk, socco* — se tenait ici au temps de la domination arabe. Les générations et les races se sont succédé ; et toujours les petits marchands viennent abriter leurs boutiques à l'ombre des puissants piliers. La ville pour laquelle on exécutait un pareil travail était, de toute évidence, prospère et considérable. Cependant, en dehors de l'aqueduc, il ne reste rien de la cité romaine, si ce n'est un bas-relief encastré dans la muraille d'un couvent, et, par conséquent, invisible, et quelques assises mêlées aux fondations de l'enceinte. Des époques visigothique et arabe, il reste encore moins.

III. — LE MOYEN AGE

Il y eut alors pour Ségovie une période tragique. Elle fut prise et reprise, pillée et incendiée bien des fois. Et pendant longtemps elle fut, disent les chroniqueurs, convertie en un véritable désert. « *Fué muchos años yerma.* »

Si nous voulons retrouver quelques vestiges de la domination arabe, il faut suivre la ligne des murailles. Peut-être quelques parties de cette enceinte, tant de fois détruite et refaite, datent-elles de ces temps lointains. Dans tous les cas, avec leurs créneaux très découpés, avec leur appareil de briques où se superposent par endroits des rangées d'arcatures aveugles, il est à croire que l'aspect conservé par ces murailles ne diffère pas extrêmement de celui qu'elles avaient lorsque des sentinelles en burnous veillaient le long des courtines. Contrairement à celles d'Avila, qui sont uniformément demi-circulaires, les tours de Ségovie sont de formes diverses, carrées, rondes, ou à pans multiples. Des portes à l'archivolte en fer à cheval donnaient accès dans la cité. On voit aujourd'hui de beaux restes des portes de *Santiago*, au bord de l'Eresma, de *San Cebrian*, dominant le vallon, au nord, et de *San Andrès* au sud-ouest. Les deux premières ont été malheureusement transformées à l'époque classique. Malgré des restaurations récentes, la *porte San Andrès* a conservé jusqu'à nous sa physionomie pittoresque. Le *moucharabieh* au grillage de bois accroché au-dessus de l'entrée, du côté de la ville, contribue à évoquer le souvenir des anciens maîtres musulmans. Et, pour que l'illusion soit complète, à chaque fois que nos promenades nous ramenaient à cette porte, un chanteur invisible modulait une de ces mélopées orientales, comme on en entend dans les carrefours de Damas ou de Tunis, qui prolongent leurs notes aiguës et plaintives dans la solitude de la rue silencieuse et ensoleillée.

Ainsi, malgré les ruines des guerres et des siècles, les Arabes ont laissé, sinon des monuments bien authentiques, du moins quelque chose de leur âme et de leur goût artistique. Nous aurons d'autres occasions de le démontrer.

Ségovie fut repeuplée et ses murailles relevées vers les vingt dernières années du XIIe siècle — avant Salamanque et Avila. Encore, pour nous raconter les temps héroïques de cette ville ressuscitée, n'avons-nous guère que de pures légendes, qu'il faut aller chercher dans les chroniques des cités voisines — Avila ou Tolède. C'est ainsi que nous savons par les *Annales tolédanes* qu'en 1114 les habitants de Ségovie tuèrent Alvar Fañez [1], l'héroïque neveu et compagnon du Cid, dont les exploits, comme l'a fort bien démontré M. Menendez y Pelayo ont souvent été attribués à l'illustre Rodrigue de Vivar.

Plus glorieuse sans doute, et, malheureusement, beaucoup moins certaine, est la prise de Madrid par les Ségoviens. Arrivés au camp des chrétiens à une heure trop tardive, ils avaient été repoussés honteusement. Furieux de cette offense, ils imaginèrent une façon sublime de se venger et de se procurer le logement qu'on leur refusait. Ils s'emparèrent d'une des portes, entrèrent dans la ville et la prirent. Leurs chefs s'appelaient Dia Sanz et Fernan Garcia. Les deux familles qui gouvernèrent la ville pendant des siècles et la divisèrent en deux bans ennemis prétendaient avoir ces héros pour ancêtres. Et l'on montre encore dans l'église de San Juan de los Caballeros la tombe glorieuse de Fernan Garcia.

Phot. de l'Auteur.

Les vieilles murailles près de la porte San Andrès.

Si cet exploit est extrêmement douteux, un fait paraît incontestable, c'est que, quelques années après le repeuplement, la prospérité commençait à renaître dans la cité de Ségovie. Et cependant les Ségoviens n'avaient pas cessé de combattre ; les chroniques sont pleines des exploits qu'ils accomplissaient

1. Il est juste d'ajouter qu'un chroniqueur arabe affirme qu'il mourut dans la guerre entre Castillans et Aragonais.

au pays des Maures. Peut-être le butin qu'ils rapportaient était-il pour la cité renaissante une source importante de richesse. Et puis, à côté de ceux qui bataillaient, il y avait ceux qui travaillaient. Et l'industrie qui a inspiré à Alarcon son dramatique chef-d'œuvre : *le Tisserand de Ségovie,* contribua bientôt à enrichir la cité.

Porte San Andrès.

Au cours du XIIe siècle, les Ségoviens ayant relevé leurs murailles, et renforcé leurs défenses par la construction d'un formidable alcazar, à l'ombre duquel s'élevait une cathédrale, édifièrent aussi une grande quantité de palais, d'églises et de couvents. Il n'y avait pas moins de quatorze paroisses dans l'enceinte au début du XIIIe siècle.

Ces églises sont, pour la plupart, parvenues jusqu'à nous. Les unes ont gardé du monument primitif un portail ou une abside robuste, comme *San Andrès, San Nicolas, San Sebastian, Santo Tomas,* d'autres une belle tour, comme *Santa Olalla*, d'autres quelques fragments de sculpture, comme *San Miguel*.

Il ne faudrait pas croire que ce sont les monuments, construits aussitôt après le départ des Arabes, qui accusent de la façon la plus évidente, l'influence musulmane. Tout au contraire, on cherchait à cette époque à s'affranchir d'une servitude que l'on n'avait que trop subie. Dans ces absides trapues, dans ces portails sans tympan, nous reconnaissons sans peine nos architectures du sud-ouest de la France. Et, de fait, dans cette population venue du nord, l'influence française était alors prépondérante. Mais quelques années plus tard, les rois et leurs courtisans, voyant leur conquête affermie, n'hésitèrent pas à attirer dans leurs murailles des artistes et des ouvriers musulmans pour accroître la splendeur de leurs résidences.

Phot. de l'Auteur.

Porte San Andrès (vue de l'intérieur de la ville).

Au demeurant ces influences diverses donnèrent naissance, vers la fin du XIIe siècle et le commencement du XIIIe, à une école locale extrêmement intéressante, une des plus élégantes et des plus caractéristiques de l'art roman espagnol. Des églises créées par cette école, les unes sont encore parées d'une partie de leur beauté primitive, comme *Saint-Martin, San Millan, San Esteban, San Lorenzo*, ou *San Juan de los Caballeros*. D'autres, comme *la Trinité, San Salvador, San Quirce*, ont été bien altérées par les siècles. Les corniches ont été mutilées ; les portiques ont été emprisonnés dans une affreuse maçonnerie. Cependant un peu d'attention permet encore de retrouver les principaux caractères du monument primitif et d'en restituer l'honneur à l'école ségovienne.

Ce qui caractérise cette école, c'est surtout la richesse décorative des corniches, dont les modillons sont séparés par des métopes sculptées, et aussi les portiques latéraux extérieurs de l'église. Cette disposition, que nous retrouvons d'ailleurs à San Salvador de Valdedios et à San Miguel de Escalada, est tout à fait exceptionnelle en dehors de l'Espagne. On a eu l'idée de la rapprocher des temples périptères antiques. C'est là une hypothèse ingénieuse. Mais rien ne permet de supposer qu'il y eût dans la région de Ségovie au XIIIe siècle un monument de ce genre pouvant servir de modèle aux architectes ségoviens. Tout au contraire donne à penser que, si un tel édifice eût existé, il eût été utilisé pour les besoins du culte. Au moins en retrouverions-nous quelques fragments, colonnes ou chapiteaux, réemployés dans les églises du moyen âge. Il n'en est rien. S'il semble absolument nécessaire de fournir une explication de cette disposition originale, il faudrait plutôt, selon nous, la demander à l'art musulman. A Alger et à Tunis, on peut voir maints exemples de portiques latéraux contigus à des mosquées. Mais est-il bien nécessaire d'aller chercher au loin l'explication d'une disposition très simple et dont l'idée a pu venir spontanément à n'importe quel architecte local ? Ajoutons que ces portiques jouent ici le rôle de l'*atrium* dans les églises antiques, et étaient destinés à recevoir les sépultures de morts illustres.

Phot. de l'Auteur.

Eglise Saint-Martin (dans le fond, la cathédrale).

Les églises de style ségovien se font remarquer, en outre, par de belles tours quadrangulaires, qui ne sont pas sans analogie avec les clochers minarets que l'on voit, par exemple, à Tolède, par des chapiteaux richement sculptés, et de curieux plafonds de bois de style *mudéjar*. Malheureusement bien rares sont les voûtes et plafonds qui n'aient pas été refaits.

Après avoir donné ainsi les caractères généraux de ces églises, il convient d'examiner attentivement quelques-unes d'entre elles qui sont d'un intérêt capital.

Portique de l'église Saint-Martin.

L'église *Saint-Martin* est remarquable par son magnifique portique et par les statues d'apôtres qui ornent le portail principal, — vraies statues-colonnes, du même caractère que celles du porche-vieux de Chartres.

C'est une église à trois nefs presque égales de largeur, sans croisillon, et comportant trois absides. La nef centrale est voûtée en berceau, les bas côtés, — particularité curieuse — alternativement en ogive et en berceau. Il est probable que ce ne sont pas là les voûtes primitives ; car cette église, vers 1322, fut prise comme forteresse, et, les partis acharnés l'ayant incendiée, « elle tomba avec un grand carnage d'assiégeants et d'assiégés ». *Cago con estrago comun de combatidos y combatientes.*

C'est là une disgrâce qui fut commune à beaucoup d'églises de Ségovie.

Les gens d'alors avaient l'âme ardente, et les illustres personnages dont nous voyons ici les tombes ont vu des journées singulièrement émouvantes. Ce sont, dans l'abside qui est du côté de l'évangile, les Bravos, qui habitaient en face de Saint-Martin, et auxquels la révolte des *comuneros* donna une tragique célébrité. Ce sont, dans l'autre abside, les tombes noires des del Rio. C'est enfin Gonzalès de Herrera, dont l'effigie se voit dans une chapelle de gauche, en face d'un diptyque contenant un beau relief du Rédempteur, avec, sur les volets, de remarquables peintures de l'école espagnole (xve) [1].

Phot. de l'Auteur.

Eglise de San Juan de los Caballeros.

L'église *San Esteban* possédait la plus belle des tours romanes de l'Espagne. Mais cette tour a été entièrement démolie, et l'on est en train de la reconstruire. De plus les trois absides ont disparu, et l'intérieur a été restauré,

1. Dans cette étude, nous avons cherché à grouper les monuments selon la date où ils ont été construits, de manière à permettre au lecteur de suivre le développement de l'art dans chacune de ces trois villes de Castille. Cependant il est rare que ces monuments soient homogènes, et ne comportent pas, soit dans leur architecture, soit dans leur mobilier, des éléments de dates différentes. Aussi pour ne pas morceler à l'excès l'étude de chaque édifice, pour permettre d'en saisir l'ensemble avec plus de clarté, avons-nous cru préférable, la plupart du temps, tout en classant chacun d'entre eux à la date que lui assignait ses parties les plus caractéristiques, de n'en pas disperser l'étude dans plusieurs chapitres différents, et d'exposer, sans plus attendre, les vicissitudes qu'il a subies à travers les siècles.

c'est-à-dire refait, de sorte que l'on peut dire que cette magnifique église a perdu à peu près tout son intérêt archéologique.

San Juan de los Caballeros, longtemps converti en magasin de bois, semble avoir échappé à la ruine totale depuis que cette église sert d'atelier au peintre céramiste Zuloaga. Encore ne peut-on s'empêcher de frémir en voyant la flamme des fours lécher les vénérables murailles et couvrir de fumée les précieuses corniches. Car les sculptures de ces corniches, aussi bien que celles des chapiteaux, sont d'un luxe incomparable. Les bras du transept faisaient une forte saillie sur les côtés. Sur le bras droit s'élevait une tour dont la beauté pouvait lutter avec celle de San Esteban. Elle est aujourd'hui décapitée à la hauteur de son second étage. Dans le bras gauche, la chapelle des *nobles familles* était célèbre par les tombes des héroïques *caballeros* qui ont donné son nom à l'église. Là reposait, notamment, le fameux Fernan Garcia, le légendaire *conquistador* de Madrid — et Diego de Colmenarès, historien de Ségovie et curé de cette église, où il fut enseveli en 1651. Ces tombes sont aujourd'hui transportées au Parral.

Phot. de l'Auteur.

Voûte et chapiteau de San Millan.

Plus heureuse que les précédentes, l'église *San Lorenzo*, ayant conservé jusqu'à nos jours sa dignité de paroisse, au delà de l'Eresma, domine de son élégante tour de briques — l'unique tour de briques de Ségovie — un faubourg jadis populeux au temps où florissait l'industrie des tisserands. Comme les autres églises de cette école, elle possède la galerie caractéristique et la corniche magnifiquement sculptée. Les chapiteaux des colonnes engagées, qui servent de contreforts à l'abside, sont également dignes d'admiration. Enfin cette église possède, dans la chapelle de droite, un précieux retable représentant une *Piedad*, en ronde bosse, avec des volets peints, portant la date de 1538, et représentant les donateurs, Diego Sanz et Francisca, sa femme.

De toutes ces églises, la plus intéressante pour l'archéologue est, sans contredit, *San Millan*, dans le faubourg qui se trouve sur la rive gauche du Clamorès. C'est une église pourvue de trois absides semi-circulaires, correspondant aux trois nefs. Les bras du transept sont indiqués. Les voûtes à pénétrations de la nef ont été substituées au XVIIe siècle aux voûtes primitives qui étaient probablement en bois. Au-dessus du croisillon, se trouve une coupole octogonale sur trompes coniques, décorées de coquilles et renforcées par des nervures doubles qui se croisent en laissant, au centre, un vide quadrangulaire, — ce qui est une méthode arabe. Il faut remarquer, dans la nef, les magnifiques chapiteaux à tailloirs cruciformes et de dimensions considérables où sont représentées des scènes sacrées et profanes, — on y distingue, par exemple, un tournoi. Les corniches extérieures, avec leurs métopes et consoles, de décoration si variée, et la galerie latérale avec ses chapiteaux hérissés de bêtes fantastiques, achèvent de faire de cette église un des plus beaux ensembles que puisse offrir la sculpture romane.

Phot. de l'Auteur.

Intérieur de l'église du Corpus Christi.

Nous n'avons pas encore parlé de l'étrange église circulaire de la *Vera Cruz*, une des plus curieuses de Ségovie, cependant si riche en églises romanes. Cette église, fondée en 1208 pour recevoir une relique sur laquelle prêtaient serment, dit-on, les templiers, puis les chevaliers de Saint-Jean, qui prirent leur succession, est une des églises conçues sur plan rond ou polygonal, en souvenir du Saint-Sépulcre. L'église du Temple à Paris, la chapelle d'Eunate en Navarre, le couvent du Christ, à Coïmbre présentaient, ou présentent encore une disposition analogue. La Vera Cruz de Ségovie est bâtie sur un plan dodécagonal parfait, avec trois absides semi-circulaires à l'est. Au centre de l'édifice se trouve une seconde enceinte concentrique à la première. Et ce sanctuaire central est divisé à son tour en deux étages. L'étage inférieur, très bas, voûté en ogive, est accessible par quatre portes en tiers-point. L'étage supérieur, auquel on monte par un escalier à deux rampes, est couvert par une coupole polygonale soutenue par quatre arcs qui se croisent en laissant au milieu un oculus. Au centre une sorte d'autel, orné sur ses parois d'arcs entrecroisés, quelques-uns en fer à cheval, figure le Sépulcre Saint. On voit qu'il y a dans toute cette partie de l'édifice trace de mains *mudéjares*. Enfin l'espace annulaire qui entoure ce sanctuaire est divisé en travées trapézoïdales par des doubleaux en plein cintre. La monotonie du mur extérieur n'est guère rompue que par les contreforts qui marquent la séparation des travées. Toutefois il convient d'observer que l'archivolte de la façade est décorée de bâtons brisés, comme on en voit dans l'architecture normande. Enfin l'on remarque dans cette église des peintures très détériorées, mais assez bonnes, datées de 1516.

Phot. de l'Auteur.

Torreon de los Arias Davila.

Cet édifice offre donc à la fois des éléments romans et gothiques. L'art roman a persisté, en effet, dans la région de Ségovie jusqu'à une époque très tardive. Et nous ne voyons guère d'autre église gothique à signaler avant la Renaissance, que celle de l'ancien couvent de *San Francisco*, dont les belles ruines s'effondrent lamentablement derrière l'école d'artillerie.

La charmante petite église du *Corpus Cristi,* qui se cache au fond d'un couloir, non loin de la Plaza Mayor, fut construite également à l'époque gothique. C'est une œuvre absolument *mudéjare,* qui ressemblait beaucoup à l'ancienne synagogue de Tolède, Santa Maria la Blanca. Avant qu'elle ne fût ravagée par l'incendie, en 1899, elle ne devait guère le céder à celle-ci, en richesse décorative. On peut du moins le supposer à voir les fins stucages qui ornaient les frises et les chapiteaux, et dont les malheureux débris ont été transportés au Musée. C'était, ainsi que Santa Maria la Blanca, une synagogue. Les juifs de Ségovie étaient nombreux et riches ; ils payaient à l'évêché une rente annuelle de trente deniers d'or par personne, en souvenir des trente deniers de Judas, — base d'impôt en vérité ingénieuse, avantageuse pour l'église de Ségovie, et qui n'empêchait pas les israélites d'accroître leur fortune. La beauté de leur synagogue attira toutefois fâcheusement l'attention des chrétiens. Ils s'en emparèrent en 1410. Et voici l'histoire qu'on raconte.

Phot. de l'Auteur.

Patio et fenêtre mudejar de la Casa de Segovia.

Un médecin juif nommé Mayr avait trouvé moyen de se procurer une hostie consacrée, en prêtant de l'argent au sacristain de l'église voisine de San Facundo. On a déterminé exactement l'endroit où cette conversation criminelle aurait eu lieu, et, pour que le souvenir en fût conservé, on a appelé la rue *calle del Mal Consejo.* La chronique ne nous dit pas comment le juif reconnut que l'hostie était réellement consacrée. Mais la suite de l'histoire prouve bien que le sacristain sacrilège avait tenu sa promesse consciencieusement, si l'on peut dire. En effet, les israélites réunis dans la synagogue ayant jeté l'hostie dans une chaudière d'eau bouillante, eurent la stupeur de la voir s'élever en l'air. Les murs du temple se fendirent. Et, comme ces mécréants avaient tout à fait perdu la tête, ils allèrent raconter l'histoire au prieur de Santa Cruz. Celui-ci vint reprendre l'hostie miraculeuse. Quant aux coupables, ils furent pendus ou écartelés.

Phot. de l'Auteur.

Casa de Galicia.

Quelque maltraitée qu'elle ait été par les différentes restaurations, et bien que dépouillée de sa décoration, l'ancienne synagogue a gardé jusqu'à nous une grâce émouvante. C'est une curieuse traduction en style mudéjar de la structure des églises chrétiennes. Elle se compose de trois nefs, séparées par des arcades en fer à cheval. A l'étage supérieur est une galerie d'arcatures, également en fer à cheval, fermée par des grillages en bois à l'orientale. Cette galerie fait triforium et tourne autour du chevet. Il est probable que nous retrouvons à peu près dans ces dispositions celles de l'ancienne synagogue, quoique le chevet ait été transformé au moment de son affectation au culte chrétien.

Nous n'aurions pas de peine à découvrir, en errant dans les ruelles enchevêtrées de Ségovie, d'autres fragments d'architecture religieuse romane ou gothique. Mais ce sont débris de médiocre intérêt. Et peut-être trouvera-t-on déjà cette énumération trop longue.

Plût à Dieu cependant que je puisse faire figurer dans cet inventaire toutes ces églises d'un art robuste ou charmant, qui ont disparu, victimes de la fureur ou du vandalisme des hommes. Il semble bien que c'est le vandalisme qui ait la responsabilité la plus grande dans ces pertes irréparables. A la décharge des habitants, il convient d'ajouter que la population ayant considérablement diminué, toutes ces églises qui faisaient de Ségovie une véritable « ville sonnante » devenaient d'un entretien trop onéreux pour la cité appauvrie. Certaines étaient fermées au culte, puis, délaissées, tombaient en ruines, sans que personne, pour ainsi dire, s'en aperçût. Il fallait enfin les abattre. Ainsi périrent *San Pedro de los Picos*, et *San Pablo*, et *San Roman*, et tant d'autres, dont rien ne reste, si ce n'est, parfois, un nom donné à une place, qui occupe la superficie de l'église disparue. Et la destruction continue...

Parfois l'édifice s'est effondré dans des circonstances plus tragiques, parmi les émeutes et les guerres qui ensanglantèrent la ville pendant tout le moyen âge et au début de la Renaissance.

Tout édifice important était alors une forteresse éventuelle, l'église aussi bien que la maison noble, et celle-ci aussi bien que l'alcazar. Tantôt le pouvoir royal qui s'abritait dans cette forteresse avait à lutter contre toute la cité. Tantôt c'était un ban qui s'attaquait à l'autre ban. Si l'on n'était pas maître d'une des principales maisons fortes, on se réfugiait dans l'église voisine. Alors les ennemis assiégeaient l'édifice, l'incendiaient, et les murailles s'abattaient enfin, ensevelissant des trésors. Parfois le désastre n'était imputable qu'à l'incurie ou à l'inhabileté des architectes. C'est ainsi que, le 26 février 1532, l'église *Saint-Michel*, une des plus importantes de la ville, où l'*ayuntamiento* tenait ses assises, s'effondrait tout à coup, tandis qu'on chantait le *Salve*. De l'église primitive, il ne reste guère que les trois curieuses statues, sortes de grands bas-reliefs, encastrés dans la façade.

De ces âges tumultueux, plusieurs maisons fortes sont encore là, pour nous raconter l'histoire. Sans doute l'apaisement des esprits, la transformation de la société ont obligé les propriétaires à apporter dans l'aménagement de leur demeure plus de confort et d'élégance. Car il va sans dire que l'architecture civile, qui change avec les mœurs, a subi des modifications bien plus grandes que ces monuments religieux, qui répondent à des nécessités immuables. Cependant certaines tours massives, garnies de leurs mâchicoulis, sont restées debout comme derrière Saint-Martin, celle du palais du *Marquis de Lozoya*, ou le *Torreon de los Arias Davila*. A la même période appartiennent le palais des *Aguilares*, celui des *Contreras*, ou la forteresse *Juan Arias de la Hoz* (couvent de Santo Domingo) appelée encore *casa de Hercules* à cause du bas-relief antique encastré dans la muraille.

La plus importante de toutes ces forteresses est celle qui est parvenue jusqu'à nous sous le nom de *casa de Segovia*. Elle se trouvait, non loin de San

Juan, au nord de la cité. Celui qui possédait la maison de Ségovie et l'alcazar était maître absolu de la ville, et la tenait, on peut dire, comme dans des tenailles puissantes. Cette *casa de Segovia* fut la demeure des comtes de Chinchon, puis servit de tribunal à l'Inquisition. On doit signaler, dans la cour intérieure, une élégante fenêtre *mudéjar*, décorée de faïences dans le style persan.

Que l'on relève par l'imagination toutes ces tours, celles des églises et celles des palais. Que l'on repeuple les faubourgs déserts de cette ville jadis si florissante, que l'on évoque dans ces différents quartiers les populations disparates qui les emplissaient de leur tumulte, et l'on aura une idée juste et pittoresque de ce que pouvait être la ville au temps de Jean II ou d'Henri IV, à l'aurore du XVe siècle, quand la période de grande prospérité nationale va commencer, et que l'âge gothique touche à sa fin.

Phot. de l'Auteur.

Casa de Galicia.

Voici, du côté de l'alcazar, les deux rues parallèles de *la Canongia* où circulent les ombres silencieuses des chanoines. Voici, dans les rues qui entourent les églises aristocratiques, San Juan ou San Martin, les cortèges sonores des illustres hidalgos couverts d'acier. La population israélite grouillait dans le quartier qui allait du *portillo del Sol* à la porte San Andres. S'il ressemblait aux ghettos d'Orient, c'était un quartier bien sordide. La population laborieuse des tisserands entourait l'église San Lorenzo. Enfin dans les chantiers travaillaient les ouvriers maures, avec la gravité de leur race. Et l'on voyait parfois se glisser à l'intérieur des murailles les physionomies sinistres de ceux qui tenaient la sierra voisine et qui vivaient aux dépens du voyageur.

Cela était merveilleusement varié et pittoresque.

De loin la silhouette de la ville n'était pas moins romantique. Ceux qui ont visité la petite ville de San Gimignano en Toscane peuvent se faire une idée approximative de ces cités du moyen âge. Multipliez le nombre des tours, élargissez le périmètre de la ville, entourez-la de fortifications arabes, qui escaladent le rocher, montent et descendent en sinuosités imprévues, et Ségovie surgit devant vous, telle qu'elle était alors, au milieu de ses campagnes fauves, que ferment les bastions glacés du Guadarrama.

IV. — L'ALCAZAR (XVe SIÈCLE)

Malheureusement, pour donner à l'image sa physionomie exacte, il nous manque un renseignement essentiel. Le monument principal de la cité, celui qui achevait de donner à cet ensemble son caractère formidable, l'Alcazar des anciens rois de Castille, a disparu. En vérité le mauvais sort s'acharne sur ce monument. Quatre fois — au XIIIe, au XVe, au XVIe et au XIXe siècles — il fut détruit et réédifié depuis les fondations. De sorte qu'il nous est impossible de juger ce qu'était l'antique forteresse qu'Alphonse VI aurait fait construire sur le modèle de l'Alcazar de Tolède. La première catastrophe survint le 27 août 1258, pendant le règne d'Alphonse le Savant.

Il était midi. Les *ricos hombres* et les prélats étaient réunis autour du roi, lorsqu'un orage épouvantable éclata au-dessus du château ; et une partie de l'édifice s'effondra, tuant et blessant beaucoup de courtisans. De graves et pieux historiens, comme fray Alonso de Espina, don Rodrigo Sanchez, évêque de Palencia, Zurita, Mariana, Colmenares, donnent de cette catastrophe une explication édifiante.

Le roi savant avait prononcé cette phrase impie : « Si le Créateur m'avait consulté, le monde eût été fabriqué autrement » et un austère franciscain appelé fray Antonio de Ségovie l'avait véhémentement réprimandé. Le roi s'obstinait dans son orgueil, quand l'orage s'amoncela au-dessus du château. Un éclair tomba sur la voûte de la salle. Alors le roi, épouvanté, s'empressa d'aller confesser sa faute aux pieds du religieux. Et la tempête se calma.

Les historiens affirment qu'avant de recouvrir d'un toit d'ardoises, vers 1590, la salle du *Pavillon*, on montrait, à l'extrados de la voûte, la trace de l'éclair avertisseur. Et le *Cordon*, qui donne son nom à une autre salle et qui entoure la frise, est montré comme un souvenir de la corde qui ceignait la taille du franciscain. Ajoutons que les deux salles ont été entièrement refaites, l'une en 1456, l'autre en 1458 ; et que le cordon des tertiaires était un ornement courant à cette époque, non seulement en Espagne, où il y a tant de *casas del Cordon*, mais dans toute l'Europe.

Après les colères du ciel, vinrent les fureurs des hommes. Au début du XIVe siècle, pendant la minorité d'Alphonse XI, quand l'infant don Juan Manuel eut imposé sa tutelle au jeune roi, il y eut à Ségovie de sanglants tumultes. Les partisans de l'infant se rendirent tellement odieux à la population qu'une nuit celle-ci ouvrit les portes de la ville à leurs ennemis, ayant à leur tête don Philippe, oncle du roi, et le fameux Garci Laso de la Vega. Ceux-ci assiégèrent l'Alcazar. Et, le siège se prolongeant, la campagne se souleva et envahit la ville. Les assiégeants furent assiégés à leur tour.

Phot. Hauser et Menet.

L'Alcazar (Tour de Jean II et Tour de l'Hommage).

Comme ils s'étaient réfugiés dans l'église Saint-Martin, leurs ennemis mirent le feu à la tour qui s'écroula sur les combattants des deux partis. Enfin les émeutiers ouvrirent la prison, élargissant certains prisonniers et assassinant les autres. Cette tragédie eut un épilogue terrible. Cinq ans plus tard (1328), le roi, ayant atteint sa majorité, prit possession de son Alcazar. Et sa vengeance, inspirée par don Philippe et Garci Laso, fut implacable. Ceux qui avaient forcé les portes de la prison eurent l'épine dorsale brisée. Les incendiaires périrent sur le bûcher. Les autres, en grand nombre, furent pendus. Après cela, le roi ratifia les privilèges de Ségovie et combla la ville de bienfaits.

L'Alcazar de Ségovie eut encore à subir les contre-coups de la guerre entre Pierre le Cruel et Henri de Transtamarre. Les nobles gardaient l'Alcazar au nom de ce prince, qui en avait fait un asile pour ses enfants. Tandis que le peuple se révoltait parfois en faveur de Pierre.

Avec toutes ces émeutes et tous ces assauts, l'Alcazar devait être fort endommagé, lorsque Jean II commença à le reconstruire en 1410. C'est alors que l'on fit le magnifique lambris de la *salle de la galerie ;* on doit également à ce roi le haut donjon, de plan rectangulaire, qui porte son nom, et qui se dresse devant la façade. En 1431, la construction devait être fort avancée ; car le roi y faisait peindre sa victoire de Higueruela. L'architecture du nouveau château, autant que nous en pouvons juger actuellement, trahissait l'influence de plus en plus visible de l'art arabe, à mesure que la puissance musulmane allait en déclinant. Avec l'infant don Henri, le futur Henri IV, auquel son père abandonna la possession de l'Alcazar, cette influence atteignit son apogée. C'est alors qu'il fit construire le précieux *artesonado* [1] de la salle de *las Pinas.* C'était un prince fastueux et voluptueux, qui ne reculait pas devant les plus folles prodigalités, pour donner à sa résidence une décoration magnifique. En 1435, il se plaisait à éblouir le prince héritier de Grenade et les Maures de sa suite, en étalant à leurs yeux ses trésors d'or et d'argent. En 1456, il faisait travailler sous la direction du maître mudéjar Xadel Alcalde aux riches solives de la *salle du Pavillon.* Et en 1458 on terminait la voûte du *cabinet de toilette de la reine.*

Non seulement les rois de Castille attiraient alors à eux les artistes musulmans, mais, peu sûrs de la fidélité de leurs sujets, ils se faisaient garder par des Maures, — d'où le nom de *galeria de los Moros,* donné à une partie du château.

Le roi Henri IV, non content des magnificences qu'il accumulait à l'Alcazar se faisait construire un autre palais derrière Saint-Martin. Et l'on retrouve dans le patio de la maison dite *de Galicia* deux portes ornées d'une riche décoration, aux stucages relevés d'inscrustations colorées qui seraient un débris de ces splendeurs.

Sans doute la plupart des éléments qui constituent cette décoration appartiennent au gothique flamboyant ; mais les rosaces, les mouchettes et les soufflets sont réduits et amincis de façon à satisfaire au goût d'extrême complication, de travail menu et compliqué, de total revêtement des surfaces, qui est le caractère essentiel de l'art arabe. De sorte que ces portes de la *casa de Galicia* ont une parenté indéniable avec les créations arabes que nous voyons par exemple à la *casa de mesa,* au *taller del Moro,* à Tolède, ou à l'Alcazar de Séville. Enfin Henri IV reconstruisait la monnaie au pied de l'Alcazar, sur les bords de l'Eresma.

1. Plafond à caissons, à lambris compliqués, ou, le plus souvent, voûte mauresque à alvéoles.

En même temps il préparait, par sa faiblesse et par ses excès, les troubles qui allaient mettre en péril ces trésors. La fin de son règne fut encore une période sinistre dans l'histoire de Ségovie. Enfin la grande Isabelle est proclamée reine le 13 décembre 1474. Et son règne glorieux est inauguré à Ségovie, parmi la joie.

L'Alcazar présentait alors un cadre digne d'une telle solennité. L'intérieur était une accumulation de merveilles. L'extérieur montrait déjà la silhouette magnifique dont les restaurations postérieures ont pu altérer la beauté, sans en modifier les dispositions essentielles. Il formait un vaste quadrilatère se terminant par un donjon à chacune de ses extrémités : la *tour de l'Hommage*, formant un groupe de sept tours, s'avançant en éperon à la pointe du rocher, au-dessus du confluent de l'Eresma et du Clamorès, la *tour de Jean II* se dressant du côté de la ville, comme pour la tenir en respect. Les façades de cette tour sont revêtues d'une broderie en stucage qui est sans doute une invention d'origine *mudéjar*.

Les fenêtres du second étage sont défendues par de petites bretèches qui leur font une sorte de dais. Dix échauguettes circulaires en encorbellement, dont le parapet imbriqué domine le crénelage de la tour, lui font un couronnement magnifique et lui donnent une physionomie assez orientale.

De puissantes tours et tourelles circulaires garnissent la tour de l'Hommage et les angles des bâtiments qui occupent les flancs du château. Ceux-ci se terminaient alors par des corniches crénelées faisant chemin de ronde, qu'on a malheureusement fait disparaître au XVIe siècle, pour coiffer d'ardoises le logis aussi bien que les tours et les échauguettes.

Sur le vaste terre-plein qui précède l'Alcazar s'élevait alors la vieille cathédrale. Les matériaux du cloître transportés pour construire celui de la cathédrale nouvelle et quelques pierres sépulcrales sont tout ce qui nous en reste aujourd'hui.

Et voici que nous arrivons à l'époque où vont se dérouler les événements dramatiques qui amenèrent la ruine de ce monument vénérable. Nous voulons parler de la révolte des *comuneros*, qui, pendant six mois, assiégèrent l'Alcazar. Le siège se termina par la déroute des révoltés et de leur chef, Juan Bravo, à Villalar. Les émeutiers n'avaient pas réussi à prendre l'Alcazar ; mais ils avaient réduit en décombres l'antique cathédrale.

Dès lors commence pour l'Alcazar une période de décadence. Le 25 août 1543, une tempête menaça de le détruire, comme au temps d'Alphonse le Savant.

Philippe II y séjourna en 1563. Un peu plus tard, le château servit de prison à Montigny ; c'est là que le conspirateur risqua cette tentative d'évasion qui lui coûta la vie.

A cette époque, certaines parties du château menaçaient ruine. Le roi chargea l'architecte Gaspar de Vega de commencer les réparations. Plus tard, en 1587, la direction des travaux passa à Franscisco de Mora, l'élève préféré du glacial Herrera. Le résultat de ces restaurations fut qu'on boucha les jolies fenêtres géminées qui s'ouvraient aux flancs des bâtiments, qu'on leur substitua des fenêtres avec des balcons, enfin qu'on fit les toits d'ardoises, qui dénaturèrent le caractère du monument. De plus, on doit à Mora les galeries à portique du patio et le large escalier qui monte à la tour de l'Hommage.

Phot. de l'Auteur.

Maison de Juan Bravo.

C'est le dernier témoignage d'intérêt qui fut accordé par les rois à l'Alcazar de Ségovie. En 1764, Charles III y installa un collège d'artillerie. Ce fut la fin. Le 6 mars 1862, le feu prit au château, ne laissant debout que les tours principales, les murs extérieurs et le portique classique de Mora. Parmi les merveilles ensevelies, il y avait, sculptés à la corniche du salon des Rois, les bustes et statues des rois d'Oviedo, Léon et Castille, collection commencée par Alphonse le Savant et continuée par Henri IV et Philippe II. Par conséquent, plusieurs de ces effigies étaient absolument authentiques. La perte de telles œuvres d'art et de tels documents historiques est irréparable.

On s'est efforcé de restituer à l'Alcazar sa physionomie primitive. On a remplacé les fins stucages mudéjars, les délicates sculptures gothiques par des peintures qui voudraient naïvement en donner l'illusion. Nous ne nous attarderons pas à discuter cette restauration. De telles tentatives ne sont jamais que des pastiches plus ou moins savants, auxquels manqueront toujours la poésie et l'émotion. L'Alcazar de Ségovie n'est plus qu'une magnifique silhouette. Mais celle-ci, quand les maçonneries trop blanches, quand les modénatures suspectes commencent à se fondre dans la pénombre vermeille du crépuscule, permet d'évoquer les temps à la fois glorieux et tragiques où l'Alcazar de Ségovie était la citadelle des rois et l'orgueil de l'Espagne.

V. — LA RENAISSANCE

Cette silhouette, en somme, est à peu près celle qu'avait le château au temps de Jean II et de Henri IV. C'est une silhouette du XVe siècle. Et c'est pourquoi cette étude de l'Alcazar nous a semblé avoir sa place au début de la Renaissance. En dépit des tumultes et des guerres civiles, cette époque fut en effet, pour Ségovie, une ère de grandeur et de prospérité. La munificence des souverains et des seigneurs se manifesta par de riches fondations. On vit s'élever beaucoup de palais, d'églises et de couvents très somptueux, comme le *Parral*, *Santa Cruz* et *San Antonio el Real*.

Phot. de l'Auteur.

Palais du comte de Alpuente.

En ce qui concerne l'architecture civile, il ne semble pas que les maîtres ségoviens aient créé une formule spéciale, comme leurs ancêtres du XIIIe siècle dans l'architecture religieuse. Et les agitations politiques ne permettaient pas encore d'ouvrir sur la rue de larges baies, ni de déployer sur les façades la richesse décorative qu'on étalera au siècle suivant. D'ailleurs Ségovie ne semble pas avoir connu la floraison de sculpture qui fait la beauté de Salamanque. Tout au plus couronnera-t-on la façade d'une élégante loggia, comme celle qui orne la jolie *maison* dite de *Juan Bravo*, arrangement qui se retrouve à certain palais de proportions grandioses qui avoisine San Millan. Cependant ces maisons et palais du XVe siècle ont grand air avec leur portail aux lourds claveaux faisant une archivolte d'appareil cyclopéen, surmonté d'un écusson monumental, parfois supporté par des hercules ou des sauvages velus, comme celui qui décore la *maison du marquis de Quintanar*, dont l'ornementation est complétée par une curieuse bordure de casque autour de l'archivolte. Cette sobre décoration est souvent complétée par un large encadrement fait d'un tore épais ourlé d'un chapelet de boules. Le *palais du comte de Alpuente*, en face de la *casa de Picos*, avec fenêtres aux allèges ajourées, aux remplages flamboyants portés sur une fine colonnette, est une brillante exception.

Phot. Hauser et Menet.

Casa de los Picos.

Même au siècle suivant, les maisons nobles de Ségovie conserveront cet extérieur massif. Celle du *marquis del Arcos*, par exemple, en face du transept nord de la cathédrale, qui fut terminée vers le milieu du XVIe siècle, n'offre pas une façade moins austère que celles de l'âge précédent.

Et les bossages en pointes de diamant qui ont valu son nom à la *casa de los Picos* n'ôtent rien à ce palais de son aspect de forteresse. Et de fait, c'est bien là le genre de décoration qui convenait à la maison du Corregidor. Peut-être certains archéologues espagnols ont-ils exagéré en présentant cette fantaisie comme spéciale à l'art castillan. Nous retrouvons dans d'autres pays beaucoup d'exemples de maisons du même genre, et notamment à Lisbonne, à Marseille, à Bologne et à Naples.

Bâties, selon la tradition romaine, autour d'un patio intérieur, c'est là que les maisons de Ségovie étalent d'ordinaire leur luxe décoratif. Le patio du *palais du marquis del Arcos*, dont nous avons parlé ci-dessus, en est un des exemples les plus charmants. Il est entouré d'une colonnade à deux étages dont les chapiteaux ont une forme caractéristique, spéciale à l'architecture espagnole. Le tailloir qui supporte l'architrave va s'élargissant en une double console. Peut-être faut-il voir là une survivance du chapiteau arabe, qui, ayant à recevoir la retombée d'un arc en fer à cheval, allait s'élargissant à la base. Au-dessus de chacune des colonnes, une tête encadrée dans un médaillon, selon le goût italien, fait une décoration fort élégante à l'architrave. Cela constitue une collection de grands hommes de tous les temps, choisie avec beaucoup d'éclectisme, où nous avons la satisfaction de reconnaître notre glorieux Charlemagne, portant sur son pourpoint les lis de France, et, autour de son cou, un grand cordon, qui, par un raffinement d'anachronisme, pourrait bien être celui de Saint-Michel.

Phot. Hauser et Menet.

Patio du palais du marquis del Arcos.

Il est trop évident que ce Charlemagne a été conçu à l'image de François Ier, que l'Espagne avait vu, hélas ! de trop près.

Un très beau patio de la Renaissance est celui que nous trouvons à l'*école d'artillerie*, avec son portique aux arcades surbaissées et sa galerie supérieure aux balustrades finement sculptées et aux arcades trilobées, dont les redents forment une ondulation légère qui donne à la ligne beaucoup de souplesse et d'élégance.

L'époque classique conserva le goût des façades massives, comme le prouve le *palais de l'Évêché*, avec ses ordonnances robustes. La façade est ornée de trois groupes étranges, représentant les travaux d'Hercule, et des armes de l'évêque inscrites au fronton.

Le palais de l'*Audiencia provincial* a également un portail de la Renaissance classique. L'archivolte aux larges claveaux est encadrée entre deux colonnes composites. Elle est surmontée d'une jolie frise et d'un fronton à crête ouvragée où courent des chimères, avec, au sommet, en guise d'acrotère, un triton soufflant de la trompe. Dans les écoinçons, deux médaillons encadrent deux têtes de héros antiques, un homme et une femme, que nous retrouvons sur beaucoup de palais de la ville, et qui représenteraient, paraît-il, Hercule et Ségovie, « tête d'Estramadure », *cabeza de Estramadura.*

Phot. de l'Auteur.

Patio de l'école d'artillerie.

Les fondations religieuses qui furent érigées au XVe siècle montrent plus de richesse décorative que les architectures civiles. La cause principale de cette magnificence doit être attribuée au prestige dont jouissaient alors en Espagne certains architectes flamands et allemands, qui travaillaient aux grandes cathédrales, tels que Jean de Cologne à Burgos, ou Juan Guas à Tolède. Les plus remarquables de ces monuments ont eu, d'ailleurs, la prudence de s'établir en dehors de l'enceinte, à l'écart des émeutes et des batailles quotidiennes.

La plus somptueuse des fondations de cette époque est le *monastère du Parral,* qui se dresse sur la rive droite de l'Eresma, au-dessus des quelques arbres qui bordent la rivière et qui font l'admiration des Espagnols, tout étonnés dès qu'ils rencontrent dans la campagne desséchée une oasis de fraîcheur. « Une onduleuse mer de verdure » — *ondulosa mar de verdor,* — telles sont les épithètes dithyrambiques dont leur enthousiasme gratifie ces quelques arbres au bord d'un ruisseau. Là étaient jadis les jardins du monastère. Dans toute la Castille, ce coin était réputé comme un vrai Paradis terrestre

« *De los huertos al Parral, paraiso terrenal* », tel était le proverbe courant. De ce vallon, qui allait des jardins au Parral, on a fait une promenade publique. Mais ce Paradis terrestre n'est pas grand ; dès que l'on s'élève de quelques pas vers le monastère, on retrouve la solitude poudreuse et pierreuse. Là se trouvait au moyen âge un ermitage dédié à Santa Maria del Parral.

Un jour, nous raconte la chronique, le puissant marquis de Villena, don Juan Pacheco, ayant défié un rival, lui donna rendez-vous dans ce coin retiré. En y arrivant, au lieu d'un ennemi il en trouva trois. A la trahison, l'audacieux favori oppose la trahison. Il se recommande à la Vierge du Parral, puis, sans se troubler, il crie à son ennemi : « Traître, ta vilenie ne te servira de rien, car si l'un des tiens est fidèle à sa parole, nous restons égaux. » A ce seul mot les trois compères se regardent avec défiance. Et, grâce à sa présence d'esprit, Juan Pacheco obtient une habile victoire. Dans sa reconnaissance à la Vierge du Parral, il fit vœu de transformer l'ermitage en église. Et voici pourquoi les deux grands écussons du marquis de Villena s'étalent orgueilleusement au pignon de la façade.

Phot. de l'Auteur.

Eglise du Parral.

Et il avait droit en effet d'être fier de sa fondation. Le plan est de Juan Gallego ; on y reconnaît le style particulier aux Hiéronymites. C'est une vaste nef à chapelles latérales. Les voûtes d'ogive aux nervures compliquées furent terminées en 1494. En 1472, don Juan Pacheco avait confié la tâche d'ériger le grand autel à Juan et Boniface Guas et à Pedro Pulido, de Ségovie, Enfin, en 1529, Juan Campero couronna d'une crête ajourée la tour carrée qui s'élève à droite du portail principal. Hélas ! l'église magnifique est aujourd'hui fermée, et ses plus précieuses œuvres d'art ont émigré à Madrid. Les stalles de Bartholomé Fernandez de Ségovie (1526) se voient au musée d'archéologie. La réplique du tableau célèbre de Van Eyck : *Le triomphe de l'Église sur la Synagogue,* fait la gloire du Prado. Il faut espérer que ces œuvres d'art retrouveront un jour leur place primitive, à côté du monumental rétable plateresque (1528) qui garnit encore le grand autel, entre les statues

Phot. Gonzalèz.
Tombeau de Juan Pacheco au Parral.

des fondateurs, Juan Pacheco, et sa femme Dona Maria Puertocarrero, agenouillés encore dans leurs enfeus, à droite et à gauche de l'autel désaffecté. Ces deux tombes, œuvres de Juan Rodriguez, sont des morceaux de sculpture d'un art exquis. L'effigie de Maria Puertocarrero est, en particulier, d'une grâce charmante. Son époux lui fait face, revêtu de ses armures de combat ; derrière lui, son page tient son casque. Les vertus cardinales ornent le piédestal. Au fond de la niche, dont l'archivolte est joliment brodée de têtes d'angelots cravatées de leurs petites ailes, un bas-relief pathétique représente la déposition de la Croix. Non loin de là se trouve une belle effigie d'albâtre de la comtesse de Médellin, dona Béatriz Pacheco, la dernière qui osa résister aux rois catholiques.

D'autres tombes ornent encore le Parral, qui est devenu aujourd'hui le Panthéon des Ségoviens illustres. Une des salles qui donnent sur le cloître a été affectée à cette destination. C'est là que l'on a déposé les tombes des conquérants de Madrid Dia Sanz et Fernan Garcia, qui ornaient jadis l'église de San Juan.

Quant au reste de ce couvent jadis prospère, les deux cloîtres, le réfectoire, le dortoir, la bibliothèque, tout cela est délaissé, délabré, en ruines.

Phot. de l'Auteur.

Porte du Panthéon au monastère du Parral.

Entre les murailles de la ville et le bord de l'Eresma, en contrebas de la route, se trouve l'*église de Santa Cruz*. C'est à cet endroit que le grand Dominique de Guzman, se préparant à son glorieux apostolat, établit sa demeure parmi les buissons et les ronces. Ferdinand le Catholique, saint Vincent Ferrier, et sainte Thérèse vinrent prier et méditer devant la *Santa Cueva*, où le réformateur conçut les grands desseins qui devaient avoir une influence si décisive sur les destinées de l'Eglise. Le trop fameux frère Thomas de Torquemada, étant prieur du couvent, trouva le monument qui s'élevait alors trop modeste pour cette grande mémoire. Et ce fut lui qui obtint des rois catholiques les ressources nécessaires pour édifier le monument actuel. Les effigies des souverains agenouillés à droite et à gauche de la *Piedad* qui orne le tympan du portail, sous l'archivolte trilobée, perpétuent le souvenir de cette fondation. La dernière moulure de l'archivolte s'allonge en une sorte de boucle qui encadre un Christ en croix au pied duquel s'agenouillent saint Dominique et un autre religieux de l'ordre, les armoiries des rois soutenues par les aigles héraldiques, et par des anges, sont enfermés dans des mouchettes. Le tout est inscrit dans un encadrement rectiligne sculpté de choux frisés. Telle est l'ordonnance de ce portail qui offre un beau spécimen de l'art flamboyant espagnol. Deux saints de l'ordre de Saint-Dominique ornent les niches des piédroits.

Portail de Santa Cruz.

Cette église offre certaines analogies avec *San Juan de los Reyes* de Tolède, construit à la même époque, et notamment les pinacles des arcs-boutants. La devise des rois catholiques : « *Tanto monta, monta tanto* »[1] court sur la corniche, écrite en lettres gothiques. Et l'on a fait remarquer, que cette inscription était peut-être une imitation des effets décoratifs obtenus par des lettres, dans les monuments arabes[2].

On visite plus rarement le *couvent de San Antonio el Real*, isolé à l'extrémité de l'interminable faubourg, qui est à l'est de la ville. Ce couvent fut commencé en 1455, pour les franciscains observants. Un beau portail flamboyant dont l'arc en accolade, surmonté d'un autre arc trilobé, inscrit lui-même dans un encadrement quadrangulaire,

1. Quand l'un monte, l'autre monte autant, c'est-à-dire, l'un vaut l'autre, ou, plus clairement encore, la Castille et l'Aragon sont égaux.

2. Cette opinion nous semble fort ébranlée par ce fait que les inscriptions ont été utilisées très fréquemment en France comme thèmes décoratifs, particulièrement par les architectes de l'époque flamboyante et de la première Renaissance. Nous en trouvons des exemples nombreux dans la région parisienne : corniche de Saint-Séverin, balustrades de Saint-Laurent de Rouen, et de l'église de Caudebec, chapiteaux de Montmorency, etc.

donne accès à l'église. Le bâtiment en retour d'équerre est orné lui aussi d'une belle porte, surmontée de deux niches où prient à genoux les rois catholiques assistés de saint François et de sainte Claire. Ces statues semblent antérieures à la porte elle-même dont l'architecture est de l'époque classique. La nef de l'église a été refaite au milieu du XVIIIe siècle. Mais elle a gardé, du XVe, un beau retable où est représentée la scène du Calvaire, et surtout le superbe plafond *artesonado*, reposant, aux angles, sur des trompes, qui abrite la chapelle majeure. C'est un des plus précieux échantillons de style *mudejar* de Ségovie.

Phot. Hauser et Menet.

Eglise de Santa Cruz.

Au XVIe siècle, on réédifiait la nef de l'église San Miguel, qui s'était effondrée, comme nous l'avons raconté, en 1532. Outre les trois statues encastrées dans le portail, il reste de l'ancienne église la tombe (du XVe siècle) de Diego Rueda et de sa femme, et un remarquable tableau flamand de l'école de Van der Weyden représentant « la descente de Croix ».

Le XVIe siècle vit encore ériger un certain nombre de couvents : l'*Incarnation* (1563), le couvent des *Carmélites déchaussées* fondé par sainte Thérèse, etc., l'église de *Saint-Augustin*, consacrée en 1597. Mais ces édifices sont généralement d'architecture assez pauvre, et dénués d'intérêt artistique. Une grande entreprise absorbait alors toutes les ressources et toutes les activités de la cité. Nous voulons parler de la cathédrale.

VI. — LA CATHÉDRALE

Nous avons raconté ci-dessus par suite de quels événements tragiques la vieille cathédrale avait été ruinée au temps des *comuneros* qui en avaient fait une forteresse. Cette cathédrale, qui avait été consacrée en 1228, fut entièrement rasée en 1570 pour l'entrée d'Anne d'Autriche.

Phot. de l'Auteur.

Porte du couvent de San Antonio el Real.

Après la bataille de Villalar, dès que les esprits furent apaisés, on songea à construire une cathédrale nouvelle. Il ne semble pas que l'on ait un instant songé à relever l'ancienne. Les faits avaient démontré que l'Alcazar était pour le lieu de prière un voisinage dangereux. On éloigna donc l'église de la forteresse. Nous ne pouvons qu'admirer le goût judicieux de ceux qui en ont choisi la situation, au point le plus élevé de la cité, lorsque nous voyons quel magnifique couronnement la cathédrale fait à la ville, avec la masse dorée de son dôme et de sa tour.

Charles-Quint avait demandé le plan à Juan Gil de Hontañon, l'architecte de la cathédrale de Salamanque. Voici pourquoi les deux églises se ressemblent, comme deux sœurs, dont on peut dire que la cadette, c'est-à-dire celle de Ségovie, est la plus complète à cause de son déambulatoire à chapelles rayonnantes d'un effet plus heureux que le chevet plat de son aînée. On commença les travaux en 1525. Dans la plupart des églises du moyen âge, c'est,

Phot. de l'Auteur.

La cathédrale.

comme on le sait, le chevet qui a été édifié le premier. Et cela, afin d'avoir tout de suite un sanctuaire utilisable pour les besoins du culte. Ici au contraire, on a commencé par le portail principal. Car il y avait à l'endroit même où devait s'élever le transept du nouvel édifice, l'église de Santa Clara, qui servait de cathédrale provisoire.

En vérité, le projet de Hontañon était grandiose et exigeait des ressources formidables. Pour se les procurer, les dames mirent leurs joyaux en gages.

Tous suivirent leur exemple, donnant ou travaillant pour l'œuvre commune. Certains jours on se rassemblait par corporations ou paroisses dans une église, et, de là, on se rendait processionnellement aux chantiers de la cathédrale, au son des hautbois, des trompettes et des timbales, pour remettre son offrande en argent ou en nature. C'était très édifiant, et très pittoresque. Et pendant ce temps-là, on ne songeait pas à se battre.

Phot. de l'Auteur.

La cathédrale.

Le 14 août 1558, on put inaugurer l'édifice. Il y eut de grandes fêtes à cette occasion, où l'on n'eut garde, comme bien on pense, d'oublier les courses de taureaux. Il y eut en outre une procession où un prix avait été réservé à la paroisse qui se distinguerait le plus, un concours poétique, des comédies et des illuminations grandioses. On était accouru de toute l'Espagne pour voir ces fêtes magnifiques. Il est juste d'ajouter que les Ségoviens n'avaient pas attendu pour célébrer ces réjouissances que l'édifice fût terminé. Sans doute avaient-ils calculé, fort judicieusement, qu'il y faudrait encore une ou deux générations. Ils s'étaient donc empressés de prendre les fêtes par anticipation, en laissant à leurs petits-fils le plaisir de renouveler la cérémonie.

Quoi qu'il en soit, on n'en était encore arrivé qu'au croisillon. Juan Gil de Hontañon n'avait dirigé l'œuvre que pendant six ans. Avant de mourir, il avait eu la satisfaction de la voir visitée et applaudie par les plus illustres de ses confrères: Alonso de Covarrubias, Juan de Alava, Enrique de Egas, Philippe de Bourgogne. Son fils Rodrigo Gil lui succéda. En 1563, celui-ci commençait la chapelle majeure et le déambulatoire. Quand il mourut en 1577, il ne laissait à terminer que quelques chapelles, et à fermer la croisée du transept. C'est la tâche qu'accomplit, en 1615, le biscaïen Juan de Mugaguren. Mais comme, à cette époque, personne ne savait plus construire dans le style gothique, on dut exécuter ce travail dans le style gréco-romain. Car, — il convient de mettre bien en relief ce point capital, — ce qui fait de la cathédrale de Ségovie un édifice exceptionnel, c'est qu'elle est, avec celle de Salamanque, le dernier des édifices gothiques en Espagne. De même que le style roman avait persisté dans la province jusqu'en pleine période gothique, au cœur du XIIIe siècle, de même, en plein âge classique, lorsque triomphait à l'Escurial le style glacial de Herrera, on continuait à construire, à Ségovie, selon les principes de l'époque gothique. Et il faut nous en réjouir.

Phot. Hauser et Menet.

Intérieur de la cathédrale.

Sans doute le détail de cette cathédrale, à l'examiner attentivement, est un peu banal ; mais l'effet général est majestueux, et le plan, en somme, est simple et harmonieux.

C'est une croix latine avec trois nefs, un transept, cinq chapelles latérales formant partie intégrante du corps de l'église, chevet avec déambulatoire et sept chapelles polygonales. Les piliers aux nombreuses et fines moulures, aux chapiteaux très réduits, supportent des voûtes très bombées, à ogives aux nervures compliquées formant deux étoiles entrelaçant leurs branches. Les nefs latérales sont très élevées ; un balcon court autour de la nef, en manière de *triforium*. Le vaisseau est éclairé par un triple rang de fenêtres. Les deux premières chapelles du chevet, celle de San Anton, et celle du Sagrario, sont particulièrement importantes, et font comme un second transept. Enfin le *trasaltar* s'élève en haute muraille nue jusqu'à la voûte, comme un second chevet. Ici nous trouvons la disposition caractéristique des grandes églises espagnoles. On sait que l'effet d'ensemble qu'elles devraient produire est presque toujours obstrué par les murs d'enceinte qui enferment, d'un côté le grand autel, de l'autre le chœur. Le chœur n'étant pas, comme chez nous, compris dans le chevet, mais relégué et clôturé à la façon de la *maksourah* arabe, à l'extrémité de la nef, en avant de la croisée du transept.

On a d'ailleurs cherché à atténuer ce que ces clôtures (dites *trascoro* et *trasaltar*) ont de déplaisant en y déployant un grand luxe sculptural. Un autel décore généralement la partie du *trascoro* qui fait face à l'entrée principale ; d'ordinaire des tombes monumentales garnissent le pourtour du *trasaltar*.

L'extérieur de cette cathédrale n'est pas moins imposant que les nefs. Tous les éléments intérieurs s'y manifestent en lignes expressives. L'abside fait grand effet par la clarté de sa disposition. Quant à la haute tour qui accompagne le grand portail, elle est d'un style un peu sec. En effet, la foudre l'ayant frappée en 1614, elle fut reconstruite par Juan de Mugaguren. C'est au même architecte que l'on doit la façade du sud, dont le style classique, à colonnes et à fronton, vient malheureusement gâter cet ensemble magnifique.

Pour achever de rendre à chaque artiste ce qui lui appartient, nous dirons que les verrières sont de Pierre de Chiberri. Celles de la chapelle majeure furent posées de 1674 à 1689, par Francisco Herranz et Juan Danis. Enfin, de 1789 à 1792, on fit le pavement en dalles de marbre blanches, noires et rouges.

Naturellement on apporta de l'ancienne cathédrale, tous les matériaux qui pouvaient encore être utilisés, des grilles, des verrières, des retables, enfin, le cloître de 1470, qui fut transporté par le maître maçon Juan Campero en 1524. Les stalles du chœur proviennent également de la vieille cathédrale. Elles furent installées dans la nouvelle par Bartolomé Fernandez. Nicolas Gil et Jérôme d'Anvers sculptèrent celles qui furent nécessitées par l'élargissement de la nef.

Il nous est impossible de faire, dans le cadre restreint dont nous disposons, un inventaire des richesses d'art de cette église, qui est un véritable musée. Nous nous contenterons de mentionner brièvement les principales.

Le retable de la chapelle majeure (1768) exécuté d'après un modèle de Sabatini, fut offert par Charles III, qui, ce jour-là, a fait de son argent un emploi peu judicieux. Les statues en bois stuqué sont de Manuel Pacheco. Seule est antique la *Virgen de la Paz,* qui avait été donnée à l'ancienne cathédrale par Henri IV, lequel, à son tour, dit-on, l'avait reçue en héritage de ses prédécesseurs, depuis saint Ferdinand. Les grilles, qui sont très belles, datent de 1733. La chaire de marbre, avec reliefs représentant la Conception et les Évangélistes vient du couvent de San Francisco de Cuellar, et porte sur son piédestal le blason du duc d'Albuquerque. Le retable qui orne l'autel, adossé à la clôture du chœur (*trascoro*) fut cédé par Charles III, qui l'avait fait exécuter pour son palais de Riofrio, par Ventura Rodriguez et les premiers sculpteurs du temps. Au fronton est un groupe de la Sainte Trinité, entouré

Phot. Hauser et Menet.

Trascoro de la cathédrale.

par saint Pierre et saint Paul ; dans les niches des côtés, saint Philippe et sainte Marguerite.

Dans la chapelle du bas côté nord dite de *Nostra Señora de la Piedad,* ornée d'une grille provenant de l'ancienne cathédrale, se trouve le fameux, — trop fameux — groupe de la *Piedad,* de Juan de Juni. Impossible de rêver rien de plus déclamatoire, de plus contorsionné, de plus lourd de formes et de proportions, que cette œuvre beaucoup trop vantée. On a supposé que cet artiste était originaire de Bourgogne, et que son vrai nom serait Jean de Joigny. Son contemporain, le peintre Geronimo Vasquez atteste que « l'art de Juan de Juny est français ». Mais Geronimo Vasquez connaissait-il bien l'art français? Pour nous, nous nous contenterons de dire que Juan de Juny, au contact de Berruguete et autres artistes de la péninsule a perdu à un degré remarquable les qualités de mesure et de sincérité, qui caractérisent l'école française. La chapelle de Santiago renferme l'antique cuve baptismale du XVe siècle, et le retable de saint Jacques (XVIe) avec le portrait du donateur, don Francisco Gutierrez de Cuellar, trésorier du roi, peint par Pantoja de la Cruz. Dans la quatrième chapelle, qui donne entrée dans le cloître, se trouvent la tombe de Diego de Covarrubias, une des lumières du concile de Trente et celle de Raymond de Losana (XIIIe siècle).

Phot. Hauser et Menet.

Descente de croix, de Juan de Juni (cathédrale).

La grande chapelle, dite du *Sagrario*, à cause du tabernacle qui y fut élevé par Manuel Churriguera, possède un Trésor : le fameux Christ des marquis de Lozoya, attribué à Alonso Cano. Qu'elle soit du maître ou de son élève Pedro de Mena, cette œuvre aussi pathétique que le saint François d'Assise qui est au Trésor de Tolède, est d'une beauté souveraine. Les souffrances du Christ y sont exprimées avec un réalisme poignant qui n'est en aucune façon de la vulgarité. La famille de Lozoya, ayant eu à régler dans une succession le sort de cette admirable œuvre d'art, a eu l'idée généreuse de la déposer à la cathédrale. Voilà un exemple qui devrait bien, dans des occasions semblables, susciter des imitations.

Le cloître contient, entre autres tombeaux, ceux des deux architectes de la cathédrale, et celui de Maria del Salto (1237), une juive célèbre par un miracle qui a donné naissance au pèlerinage du sanctuaire de Fuencisla, au pied de l'Alcazar. La pauvre juive, ayant été accusée d'adultère, fut précipitée de la Peña Grajura (rocher des Corneilles). En tombant, elle invoqua la Vierge. Et, comme elle était innocente, elle fut sauvée.

La chapelle Sainte-Catherine qui ouvre sur le cloître a servi jadis de paroisse. On y admire un somptueux char triomphal, portant une custode du XVIIe siècle, œuvre que Raphaël Gonzales exécuta pour figurer aux processions du Corpus. Cette chapelle renferme, en outre, le tombeau de l'infant don Pedro, fils de Henri II que sa nourrice, racontent les chroniqueurs, laissa tomber d'une fenêtre de l'Alcazar (1366). Enfin une petite collection de tableaux dont aucun ne mérite d'être cité orne la salle capitulaire. Au-dessus de cette salle se trouve une bibliothèque, dont l'escalier est orné de quatre figures d'évangélistes par Jérôme d'Anvers.

VII — XVIIe ET XVIIIe SIÈCLES ÉPOQUE MODERNE

Lorsqu'arriva le début du XVIIe siècle, la ville de Ségovie commençait à voir sa prospérité décroître rapidement. La proximité de Madrid, plus que le départ des Maures, l'avait tuée. Dès lors nous voyons disparaître beaucoup des monuments qui ont fait sa grandeur; nous n'en voyons guère apparaître de nouveaux. Encore sont-ils d'importance secondaire.

C'est, dans les premières années du XVIIe siècle, le sanctuaire de Fuencisla, bâti, en souvenir de Maria del Salto, dont nous avons raconté plus haut la légende. Le site est exquis : d'un côté le rocher des Corneilles (*peña Grajera*) de l'autre la masse imposante de l'Alcazar. Et le sanctuaire lui-même est une église à dôme, de style italien, qui possède une belle grille et un somptueux retable.

A quelques pas de là se trouve un arc de triomphe de la même époque, décoré de statues contournées dans le style déplorable de Juan de Juni.

Le XVIIe et le XVIIIe siècle ont vu s'élever en outre des édifices d'intérêt médiocre, tels que la *Casa Consistorial*, qui est le morne ornement de la *plaza Mayor*, des couvents comme celui de la compagnie de Jésus, aujourd'hui séminaire conciliaire, des églises comme celle des Dominicaines, ou la nef churrigueresque de San Justo, et beaucoup de retables d'un goût théâtral.

C'est au XVIIIe siècle qu'un collège d'artillerie fut installé dans l'Alcazar. Cette école ramena un peu de mouvement dans la petite ville déchue ; mais on lui doit aussi la catastrophe qui, au XIXe siècle, amena la destruction du plus beau château de Castille.

Ni le XIXe, ni le XXe siècle n'ont vu s'élever à Ségovie de monument important. Et l'on s'en console aisément en pensant que si l'activité des architectes se fût manifestée c'eût été selon toute probabilité, comme nous le voyons dans les autres pays, aux dépens des monuments anciens.

Cependant les Ségoviens aiment le passé de leur belle cité. Ils en recueillent les débris dans un petit musée qui est en formation dans une ancienne chapelle derrière Saint-Martin. L'obligeance du directeur nous y a introduit avant qu'il ne fût ouvert au public. Nous y avons remarqué un beau retable du XVIe siècle de l'ancienne église de San Facundo, un petit bas-relief d'albâtre (XVe siècle) représentant le baiser de Judas, des débris des précieux stucages de l'église du Corpus, et un bel encadrement de fenêtre mudéjar provenant de Coca.

Phot. de l'Auteur.

Stucage mudéjar d'une maison moderne.

Une statue a été élevée en face de l'Alcazar, par le statuaire Aniceto Marinas, aux capitaines d'artillerie Luiz Daviz et Pedro Velarde, héros du 2 mai 1808.

Et, plutôt que d'insister sur des monuments de valeur médiocre, nous croyons intéressant de signaler la jolie coutume qu'ont les gens de Ségovie de faire revêtir les façades de leurs monuments, même des plus humbles maisons, de broderies de stucages représentant des combinaisons géométriques analogues à celles qu'exécutent encore les artisans tunisiens. Dans cette coutume, qui s'est perpétuée à travers les siècles, nous n'hésiterons pas à voir une curieuse survivance de l'art mudéjar.

VIII. — LA GRANJA

Chaque année, en été, la ville paisible semble s'éveiller de son sommeil séculaire. D'élégants équipages traversent la place de l'Azoquejo. On y entend la trompe des automobiles.

C'est que le roi est à son palais de La Granja, au village de San Ildefonso,

Phot. Hauser et Menet.

La Granja. — Façade principale.

à onze kilomètres de Ségovie. Et la ville a l'illusion de voir renaître sa splendeur abolie.

La fortune de La Granja date seulement du XVIIIe siècle. Sans doute, dès 1450, le roi Henri IV y avait fait bâtir un modeste rendez-vous de chasse et un ermitage dédié à san Ildefonso. Le site était magnifique, en plein Guadarrama, au pied du pic de Peñala. En 1477, les rois catholiques avaient fait don de l'ermitage aux Hiéronymites du Parral, qui y bâtirent une métairie, — *la Granja*. Un village se groupa autour de la ferme. Jusqu'ici village et ermitage n'avaient qu'une notoriété assez humble. Mais en 1719, le roi Philippe V acquit la Granja. Et, comme il avait la nostalgie des splendeurs de Versailles, il y fit construire un palais qui lui rappelât son enfance.

Les Ségoviens aiment à opposer la Granja à Versailles, — il serait plus juste de la comparer à Trianon — et, naturellement, ils mettent le palais espagnol très au-dessus du palais français. En cela ils déprécient la Granja. Car ils nous obligent à remarquer que les proportions en sont beaucoup moins imposantes, les ordonnances moins harmonieuses, le marbre gris d'une moins jolie couleur que la pierre française. De plus l'attique est lourde ; il est de toute évidence que Théodore Ardemans, qui construisit ce palais de 1721 à 1723, sur le plan des Italiens Juvara et Sachetti, n'est pas un architecte que l'on puisse comparer à Jules-Hardouin Mansard, ni même à ses successeurs. Et pour tout dire la collégiale de San Ildefonso, décorée de fresques par Bayeu

Phot. Hauser et Menet.

La Granja. — La cascade.

et Maella qui érige derrière le palais son dôme et ses deux tours, d'un médiocre style italien, n'est pas, en soi, un édifice gracieux ; mais, vus des jardins, ce dôme et ces tours font au palais un couronnement assez majestueux.

Laissons donc là les comparaisons, et la Granja nous apparaîtra ce qu'elle est en réalité : un beau palais espagnol dans un site magnifique. Ce palais se compose d'un bâtiment principal, dans le style de Trianon, auquel se rattachent deux ailes. Les appartements renferment des œuvres d'art, et, notamment, un bas-relief grec (un combat de Grecs et de Gaulois). En haut du grand escalier, on se trouve en face de Philippe V lui-même, et de sa seconde femme Elisabeth Farnèse, deux toiles brillantes et théâtrales de Louis-Michel Van Loo, qui était alors peintre de la cour d'Espagne. Cette apparition évoque du coup la cour aimable et somptueuse qui apporta dans cette solitude un peu de la grâce française. Les tombeaux de Philippe V et d'Elisabeth, par Pitué et Dumandré, ont été érigés dans le Panthéon annexé à la Collégiale.

C'est cette reine qui, en 1727, pendant un voyage du roi, pour lui préparer une surprise, fit établir des fontaines, plus importantes que celles de Versailles; car les femmes n'aiment pas les solitudes silencieuses. Et le babillage des eaux, qui jamais ne s'interrompt, fait au leur un accompagnement charmant. De sorte que, lorsqu'il revint, le bon roi eut la stupeur de voir l'eau jaillir de toutes parts, et tout un monde de naïades et de dieux marins piaffer et gesticuler dans les vasques. Il y avait les vingt-six fontaines de la *Cascada del Cenador,* qui témoignent de la fantaisie de Dumandré, Procaccini et Sani, la *fontaine d'Eole,* la *Carrera de Caballos,* où triomphe Neptune, la *fontaine d'Apollon,* les quarante jets jaillissant d'une corbeille de fruits de *la Fuente del Canastillo,* les *Bains de Diane,* où s'amoncelle tout un monde de statues, de groupes et de jets d'eaux, enfin la monumentale *grande cascade,* dont l'eau descend de la montagne en dégringolant de gradin en gradin. Devant toutes ces merveilles, — qui, en vérité, coûtaient cher, — le roi fronça les sourcils, et dit, avec un prosaïsme maussade : « Elles m'ont coûté trois millions pour m'amuser trois minutes. »

Le bon Philippe V, dans son calcul, oubliait toutes les générations que ces cascades devaient divertir. En somme ces jardins, dessinés par Boutelet, sont d'une grande beauté. Statues, boulingrins, vasques, labyrinthe sont disposés avec une fantaisie charmante. Le décor est complété par les escarpements meublés de pins des montagnes voisines. Et une cascade, naturelle celle-là, qui tombe avec un grondement formidable des hauteurs du Guadarrama, vient nous rappeler que si les œuvres des hommes sont belles, la nature est plus belle encore.

Phot. Hauser et Menet.

Vue générale.

AVILA

I. — SITUATION

Lorsqu'on a franchi les neiges du Guadarrama, on découvre une campagne dénudée, grise, râpée, galeuse, sans fleurs et sans joie, toute lapidée d'énormes blocs de pierres, — *cantos*, — qui semblent jetés du ciel un jour de colère. Ils donnent un peu à ce plateau l'aspect d'une grande plage dont la mer aurait laissé à nu les écueils. Les Limbes, le Tartare, le Purgatoire, le Hadès, le Schéol, toutes les régions d'outre-tombe que l'imagination des hommes peupla d'ombres mélancoliques, pourraient servir de comparaison pour définir ce paysage austère. Tel est le site où apparaît Avila. Dès qu'on aperçoit la ville, avec sa ceinture de murailles fauves, dont le temps n'a pas abattu les quatre-vingt-six tours, on éprouve l'impression saisissante d'une cité moyenageuse dont les siècles n'ont presque pas modifié la physionomie belliqueuse.

Nulle part la nature n'explique mieux la psychologie des hommes. Aucune pensée de volupté ne saurait émaner de cette terre aride. Et les gens n'y trouveraient de joie qu'en levant leurs regards vers le ciel. *Cantos y santos*, des pierres et des saints, deux mots qui définissent à merveille la cité natale de sainte Thérèse, et cette campagne dont elle signale dans ses lettres la température rigoureuse.

Cependant cette austérité a sa poésie, — nous dirions presque son charme. Pour goûter toute la grandeur du site, il faut s'attarder sur le *paseo del Rastro*, — une terrasse, plantée d'arbres au pied des murailles, qui est la promenade favorite des gens élégants d'Avila. C'est là que les belles *manolas*, les officiers de la garnison viennent flâner à la tombée du soir. Des petits ânes chargés de leur bât, des troupeaux de porcs noirs se glissent parmi les promeneurs, dans un pêle-mêle pittoresque, qui indique la simplicité des mœurs. De là, on découvre un panorama magnifique. Les murailles aux dentelures profondes descendent jusqu'à l'Adaja, une rivière dont le lit est presque toujours à sec. Au pied de la terrasse s'étend un faubourg délabré, dominé par le clocher octogone de Santiago, pareil à un minaret. Au delà du faubourg, c'est l'immensité pierreuse et désolée. Et l'indigo des montagnes aux lignes très nobles ferme l'horizon. De longues routes sans arbres s'en vont se perdre vers des lointains mystérieux. L'Adaja s'éloigne, en serpentant, comme un très mince ruban de lumière, et sur ses bords naissent quelques peupliers avec un peu de verdure. C'est la seule gaîté de ce paysage morne. Cependant sur ces routes, dans ces campagnes désertes, on est tout étonné de voir beaucoup de caravanes qui cheminent. Là-bas, tout au loin, on aperçoit les chevaux et les ânes qui passent à gué la rivière. Cette campagne se révèle bientôt comme beaucoup plus peuplée qu'il ne semblait tout d'abord. Et le soleil lui fait un somptueux vêtement aux nuances chaudes qui vont en se dégradant des ors discrets des premiers plans aux gris bleutés des lointains. A l'ouest de la ville, de l'autre côté de l'Adaja, montent des collines meublées de pins aux sommets arrondis dont la verdure sombre s'allie assez heureusement à l'austérité des *cantos*. Tel est le site d'une admirable noblesse que l'on découvre du *paseo del Rastro*.

Phot. de l'Auteur.

Monstre préhistorique.

Lorsqu'après avoir joui du panorama de la campagne, on voudra admirer l'étonnant tableau qu'offre la cité elle-même avec son enceinte et toutes ses tours, on se rendra au lieu dit des *quatro postes*, une sorte de portique de quatre colonnes, mis comme un belvédère, de l'autre côté de la rivière, en face de la cité, et l'on aura devant soi une prestigieuse fresque aux tonalités dorées et rousses atténuées par la poussière et la vétusté.

II. — ORIGINES. ÉPOQUE ROMANE

Cette austérité de la nature, nous la retrouverons dans les monuments. Chose singulière, cette cité, qui a si bien conservé sa physionomie d'autrefois,

Phot. de l'Auteur.

Porte du Pont.

a perdu le souvenir de ses origines. Tandis que les monuments nous offrent encore une image authentique et comme vivante du passé, les documents écrits ne nous apportent que des témoignages incomplets et suspects.

De son lointain passé, antérieur à la conquête romaine, il ne nous reste que les étranges monstres de pierre que nous avons déjà signalés à propos de Ségovie. Quelques-uns de ces curieux vestiges ont reçu l'hospitalité dans le petit musée d'archéologie établi sur l'emplacement de l'ancienne maison de sainte Thérèse ; d'autres dorment dans une rue obscure, ou dans le patio d'un palais (*palais de Pedro Davila et palais de Campomanos*) et vous les rencontrerez au hasard de vos promenades.

De l'époque romaine, on sait seulement que la cité *(Avela, Obila, Abula)* faisait partie de la province d'*Hispania citerior* et qu'elle était dans le territoire des Vaccéens. Les invasions arabes n'ont rien laissé de cette cité antique.

Prise et reprise jusqu'à sept fois, elle ne fut définitivement reconquise que sous Alphonse VI. Ce fut le comte Raymond de Bourgogne qui eut la mission de la repeupler à la fin du XIe siècle. La date de cette *respoblacion*

Phot. de l'Auteur.

L'enceinte prise de la porte Sainte-Thérèse.

devrait se placer, croit-on, après celle de Ségovie, et avant celle de Salamanque. C'est à peu près tout ce qu'on sait de ces temps encore héroïques et fabuleux.

Les chroniqueurs nous montrent bien alors dix-neuf cents maçons, dont deux cents maures captifs, relevant les murailles en l'espace de neuf ans, sous la direction de deux maîtres d'œuvre, le romain Casandro et le français Florin de Pituega. La chose n'a rien, en soi, d'absolument invraisemblable. Malheureusement la source où est puisé le renseignement est on ne peut plus suspecte.

Au début du XVIe siècle (1517) Avila possédait un *corregidor* qui, non content d'embellir la ville, de lui construire des ponts, et de relever ses murailles, s'était pris d'un bel amour pour l'archéologie. Il fit donc recopier sur parchemin un très ancien livre de chroniques qui se trouvait entre les mains du *regidor*, et fit déposer cette copie dans le coffre du conseil. Cet antique recueil n'était-il pas une élégante fiction destinée à donner quelque crédit aux inventions du *corregidor* ? Ce bel esprit se trahit à son langage d'un archaïsme

Phot. de l'Auteur.

Porte del Rastro.

fantaisiste, à ses fictions qui sentent le roman de chevalerie. En somme le but de son travail était surtout de célébrer les exploits de certaines familles illustres, dont le bon *corregidor* voulait s'assurer les bonnes grâces.

Une seconde chronique, datant également du XVIe siècle, apportant des variantes non moins apocryphes, semble destinée à corriger la première. Telles sont les sources où ont puisé les plus anciens historiens d'Avila, et notamment le P. Ariz dans son *Historia de las grandezas de Avila* (1607). Le bon religieux, pour montrer qu'il avait de l'imagination, s'est ingénié à broder autour de ce canevas romanesque. Et les historiens qui l'ont suivi n'ont rien eu de plus pressé que de copier ces élucubrations, en les embellissant à leur tour. Malheureusement toutes ces imaginations réunies, n'ayant pas même réussi à donner naissance à un récit divertissant, le plus sûr est de laisser de côté toute cette littérature puérile, pour ne nous occuper que de l'examen archéologique des monuments qui sont parvenus jusqu'à nous.

Celui qui dut être relevé avant tous les autres, est évidemment la muraille. Elle est flanquée, comme nous l'avons dit, de quatre-vingt-six tours généralement demi-circulaires, très rapprochées les unes des autres, et faisant une forte saillie sur la courtine ; de sorte qu'il ne restait pas de points morts, et que celle-ci était rendue pour ainsi dire inaccessible. De loin, ces murailles semblent très homogènes. Toutefois un examen attentif permet de distinguer nettement différentes restaurations; au XVe siècle on a refait des merlons en pierre, alors que les merlons primitifs semblent avoir été en blocage. Une dernière restauration est récente ; et celle-ci est tout à fait désastreuse. Elle a dépouillé de sa poésie tout une partie de cette enceinte, substituant aux vénérables murailles, qui évoquaient tant de souvenirs, un misérable pastiche.

Phot. de l'Auteur.

Porte de l'Alcazar.

Les portes ont un aspect très caractéristique (surtout la *porte de Saint-Vincent*, et celle de *l'Alcazar*). Elles sont défendues par deux tours dont le crénelage se continue en un arc en plein cintre allant de l'une à l'autre, et faisant mâchicoulis — disposition très originale et qui donne grande allure à ces portes. Quant à l'Alcazar lui-même, il se compose de quelques patios sans grand intérêt, qui ont servi longtemps de caserne. Les restaurateurs y ont établi tout récemment un chantier. Que la légende des captifs maures travaillant sous la surveillance de Casandro et de Florin de Pituega soit authentique ou non, l'influence de la poliorcétique orientale ne nous paraît pas discutable, à examiner la forte saillie de ces tours et les crénelages aux découpures profondes de ces courtines.

Mais c'est à peu près la seule trace d'art arabe que nous découvrirons à

Phot. Hauser et Menet.

Porte Saint-Vincent.

Avila. Les églises qui furent érigées au XIIe siècle ont manifestement les caractères des architectures de la Bourgogne ou du sud-ouest de la France.

Il faut toutefois signaler, comme une exception curieuse, l'église *Saint-Martin*, au nord de la ville, dont on aperçoit, en allant au couvent de l'Incarnation, l'élégante tour de briques analogue à celles qui accompagnent, à Tolède, les églises de style *mudéjar*.

En revanche, *Saint-André*, situé dans le faubourg du nord, *Saint-Nicolas*, avec son portail aux curieuses archivoltes dentelées de festons en fer à cheval[1], *Santo Domingo*, *San Segundo*, sont des églises romanes où nous retrouvons

1. Nous trouvons des archivoltes analogues dans l'architecture mauresque (*Aljaferia* de Saragosse, tribune de l'Alatama, dans la mosquée de Cordoue, etc.), et dans certaines églises du sud-ouest de la France, comme celles de Montmoreau (Charente), Petit-Palais (Gironde), etc.

tous les caractères de celles que l'on construisait chez nous vers la même époque. Cette dernière église conserva jusqu'à la fin du XVIe siècle les cendres de San Segundo. En 1594, celles-ci furent transférées à la cathédrale. Mais l'église romane garda la belle statue d'albâtre que doña Maria de Mendoza, avait fait ériger au saint, en 1573. Celui-ci est représenté, avec sa mitre et sa crosse, à genoux sur son prie-Dieu. La figure et les mains, fermement traitées, sont d'un caractère physionomique comme un portrait. Bref cette œuvre

Phot. de l'Auteur.

L'Alcazar.

d'Alonso Berruguete n'est pas inférieure à son fameux tombeau du cardinal don Juan de Tavera, à Tolède.

La plupart de ces églises romanes ont subi, naturellement, bien des remaniements et des restaurations, surtout au XVe siècle. A Avila, la différence de matériaux employés permet de dater du premier coup d'œil les différentes campagnes de construction d'un édifice. En effet, par une particularité propre à cette région, les parties construites à l'époque romane sont d'un bel appareil de calcaire doré, tandis que le XVe siècle a employé plus volontiers un granit d'un bleu sombre.

C'est ainsi que nous reconnaissons tout de suite que *Santiago*, dont nous avons déjà remarqué la belle tour octogone dominant le faubourg du sud, a été presque complètement refait à la fin de la période gothique. D'ailleurs les contreforts qui sont venus contrebuter la muraille romane, ainsi que la décoration de boules, ne nous permettraient pas d'en douter. Cette église est très célèbre dans les chroniques avilaises ; car c'est ici que les chevaliers nouvellement promus accomplissaient la veillée des armes.

Le plus beau spécimen d'architecture romane que possède Avila est, de beaucoup, l'église *Saint-Vincent.* Cette église est tout à fait remarquable, aussi bien par l'intérêt de son architecture que par celui des sculptures des portails, et par le tombeau du saint, et de ses sœurs, Sabine et Cristeta. Ici

Phot. de l'Auteur.

Eglise Saint-Martin.

nous nous trouvons en face d'éléments plus complexes que dans les églises précédentes. Commencée dans le style du Languedoc, elle a été continuée dans celui de la Bourgogne.

Elle se compose de trois nefs, se terminant par trois absides semi-circulaires, et d'un transept aux bras très saillants. Les bas côtés sont voûtés d'arêtes, et le transept de berceau en plein cintre ; tandis que la nef principale a été voûtée d'ogives au temps de saint Ferdinand (1217-1295). On n'eut pour supporter la retombée de ces voûtes qu'à placer des chapiteaux de biais sur des pilastres à angle droit. Un triforium ouvre sur la nef ses baies géminées. Il est couvert d'une voûte en quart de cercle venant épauler la maîtresse voûte. Une rangée de fenêtres s'ouvre au-dessus de ce triforium.

A la croisée du transept une sorte de coupole est empâtée dans un carré racheté, aux angles, par des demi-ogives faisant trompes. Enfin à l'extrémité du bas côté gauche, un escalier conduit à la crypte, malheureusement modernisée, qui renferme un rocher sur lequel saint Vincent et ses sœurs auraient souffert le martyre en l'an 304. Et voici la légende que l'on raconte à ce sujet :

Au moment le plus critique de la persécution qui illustra le nom de Datianus, vicaire du diocèse d'Espagne, au temps de Dioclétien, un jeune fugitif chrétien venant d'Evora arriva à Avila, accompagné de ses sœurs, Sabine et Cristeta. Au lieu d'y rencontrer un abri il n'y trouva que le martyre. Les trois jeunes gens subirent les pires tortures avec une héroïque fermeté. Alors les bourreaux ne pouvant avoir raison de leur foi leur brisèrent la tête sur les rochers, et laissèrent ensuite leurs corps sans sépulture. Mais un énorme serpent se fit le gardien de leurs dépouilles, épouvantant les oiseaux de proie ou les hommes qui auraient tenté de les profaner. Un jour, un juif guidé par une malsaine curiosité, ayant tenté de s'approcher, le serpent le saisit, l'étreignit, en sifflant, dans ses terribles nœuds. Heureusement le malheureux comprit que ce serpent voulait sa conversion, et il invoqua le nom de Jésus-Christ. Alors le serpent desserra son horrible étreinte. Et comme le profanateur, étant juif, était opulent, il promit d'honorer les martyrs en élevant une grande basilique pour leur sépulture, dès que la paix serait rendue à l'Eglise. Et ce serait l'origine de la basilique actuelle.

Phot. de l'Auteur.

Statue de San Segundo (église San Segundo).

Une autre tradition veut que, par la suite, au temps de l'occupation arabe, le corps de saint Vincent ait été transporté à Léon, celui de Sabine à Palencia, et celui de Cristeta à Arlanza. Les gens d'Avila affirment toutefois que, lorsque la cité eut retrouvé sa prospérité, elle demanda et obtint la restitution des reliques. Ce qui prouve bien qu'il y avait une tradition très lointaine, c'est que, de très loin, on venait prêter serment sur ce tombeau, et l'on racontait que le bras des parjures se desséchait à l'instant. Il faut croire que l'on doutait néanmoins de la présence des corps saints ; car au XVe siècle, l'évêque don Martin de Vilches, voulut s'en assurer solennellement. Donc, après avoir célébré pontificalement, il plongea le bras dans le tombeau redouté. Mais une violente commotion l'obligea à le retirer aussitôt, et l'on vit avec effroi que sa main était rouge de sang. Pour que le témoignage de ce prodige fût conservé,

Phot. de l'Auteur.

Eglise Santiago et le faubourg du sud.

l'évêque imprima l'empreinte sanglante de sa main sur une planche. Et celle-ci a été conservée jusqu'à nos jours.

Quoi qu'il en soit, la croyance en l'authenticité de ces reliques était vivace au XIIIe siècle. Car le sarcophage date de cette époque. Le dais qui le surmonte de son toit aigu, de ses corniches richement décorées d'écussons et de feuillages, est du XVe siècle. Malgré la somptuosité de cette addition, le sarcophage lui-même la dépasse beaucoup en intérêt artistique. Les reliefs qui représentent le martyre des saints semblent bien indiquer une influence bourguignonne.

C'est cette même influence que nous retrouvons avec plus d'évidence dans le portail principal, que M. Enlart et M. Bertaux ont rapproché avec raison de celui de Saint-Lazare d'Avallon, avec les riches broderies de feuillages qui courent sur les archivoltes. Quant aux saints juchés sur des colonnes dans les ébrasements et qui rappellent ceux du tombeau de Saint-Lazare d'Autun, de même que celui qui est adossé au trumeau, ils révèlent la main d'un artiste de même origine. C'est sans doute le même qui a sculpté l'Annonciation, si curieusement encastrée à gauche du portail sud de l'église. Toutefois le groupe qui fait face à celui-ci est d'une main plus rustique, sans doute celle de quelque artiste local. Toutes ces sculptures semblent de la seconde moitié du XIIe siècle. Elles seraient donc postérieures à Raymond de Bourgo-

Phot. Hauser et Menet.

Eglise Saint-Vincent.

gne ; et il semble difficile d'attribuer les traces d'art bourguignon que l'on découvre ici à son influence directe. En effet, comme nous l'avons déjà dit, c'est le style du Languedoc qui domine dans les parties les plus anciennes de l'église.

Il convient aussi de remarquer les riches sculptures de la corniche, qui rappellent celles de Ségovie.

Enfin deux tours massives flanquent l'église au nord et au sud. Celle du nord a été terminée au XVe siècle ; celle du sud est restée inachevée. Quant au portique qui précède le portail sud et qui va depuis le bras du transept jusqu'à l'angle de la façade principale, on avait projeté de le prolonger tout autour de l'édifice jusqu'à l'autre porte latérale.

On rapproche généralement de Saint-Vincent l'église *Saint-Pierre*, située sur la pittoresque place du grand marché et il est certain que ces deux églises ont certaines analogies. Toutes les deux ont un plan de croix latine, avec trois nefs, trois absides et transept aux bras très saillants. Toutes les deux ont, à la croisée du transept, une lanterne à voûte nervée. Mais ici s'arrête la similitude. A Saint-Pierre, il n'y a pas de triforium. La grande nef est voûtée d'ogives ; mais il semble hors de doute que le plan primitif comportait une

Phot. Lacoste.

Portail principal de l'église Saint-Vincent.

voûte en berceau. Cette église a subi au XVe siècle de nouveaux remaniements. Les arcs-boutants semés de boules en sont le témoignage évident. Enfin, plus récent encore, est le parvis dont la balustrade est précieuse aux paysans qui viennent les jours de marché se mettre sous la protection des lions héraldiques, qui font aux abords de l'église une décoration majestueuse.

Avila possédait jadis une autre église romane bien curieuse, *San Isidoro*. Elle a disparu il y a quelques années, et l'on retrouve le beau portail[1] aux riches sculptures à Madrid, sous les ombrages parfumés du Buen Retiro.

III. — ÉPOQUE GOTHIQUE. LA CATHÉDRALE

Faut-il croire la chronique qui prétend que la cathédrale, une des plus belles églises d'Espagne, fut reconstruite à la fin du XIe siècle, au temps où, sous la

Phot. Hauser et Menet.
Tombeau de saint Vincent (église Saint-Vincent).

surveillance de Casandro, le romain, et du français Florin de Pituega, on relevait l'enceinte d'Avila ? Il est facile de s'assurer par les vestiges que l'on retrouve encore dans la muraille, qu'une église plus ancienne a précédé l'édifice actuel. Toutefois celui-ci est, en somme, un monument de la période gothique. Quelles que soient ses origines, l'église que nous avons sous les yeux ne nous présente rien qui soit antérieur à la fin du XIIe ou au commencement du XIIIe siècle. Les ressources de la ville n'étaient pas, semble-t-il, très considérables, et les temps étaient difficiles. Aussi la construction marcha-t-elle lentement.

Mais les Avilais, ambitieux pour leur cathédrale, voulaient une église « noblement édifiée » disent les textes — *noblemente edificada*. Et lorsqu'on considère l'immensité ténébreuse des nefs, et surtout la masse prodigieuse de cette abside qui participe à la défense de la cité, comme un formidable donjon où la ville aurait renfermé son honneur et son Dieu, on ne peut nier qu'ils n'aient réalisé magnifiquement leur idéal de noblesse. Et

Phot. de l'Auteur.

Eglise Saint-Pierre.

l'on est saisi d'admiration devant la ténacité de cette petite cité, qui a trouvé moyen, en dépit de la rigueur des temps et de la pénurie des ressources, de mener à bien cette entreprise colossale. Il est juste d'ajouter que les rois de Castille ont puissamment aidé de leurs faveurs l'effort des évêques. Le pouvoir de ceux-ci s'était rapidement accru ; chaque nouveau souverain leur accordait des franchises et des prébendes, — dont profitaient les chanoines et les moindres fonctionnaires attachés à la cathédrale, jusqu'à quarante enfants de chœur avec leurs familles. Mais tout ce que le clergé d'Avila recevait, il le donnait au maître d'œuvre pour que l'église fût plus riche.

C'est qu'elle était pour la cité une véritable acropole. Elle ne constituait pas seulement sa gloire, elle était encore sa force. Et cela est si vrai que la garde de ses terrasses avait été confiée au gouverneur de l'Alcazar. Au temps des rois catholiques, Gonzalo Chacon, le *régidor* de la ville avait reçu cette charge à titre héréditaire — et ses descendants l'ont conservée jusqu'à l'époque moderne. Les deux tours de l'ouest faisaient partie du même système de défense. Elles communiquaient entre elles et avec l'abside par un chemin couvert. C'était une servitude, en vérité, fort gênante pour le chapitre. L'autorité militaire accordait ou refusait l'accès des tours, disposait des cloches, empêchait d'élever les nefs, d'ouvrir ou de fermer des fenêtres. Une vaste plate-forme,

Phot. Hauser et Menet.

La cathédrale.

qui pouvait se garnir de soldats, occupait l'espace actuellement couvert de tuiles.

C'est cette double destination d'église et de donjon qui a décidé de la structure si spéciale de l'architecture, particulièrement du chevet. Extérieurement celui-ci présente une muraille puissante, percée d'étroites fenêtres et renforcée de pilastres alternant avec des colonnes engagées. Trois chemins de ronde avec mâchicoulis et créneaux — ceux de la terrasse supérieure aveuglés par un horrible couronnement de briques — s'étagent, correspondant aux chapelles de l'abside, au déambulatoire et au chœur.

A l'intérieur, ce chevet présente une disposition tout à fait exceptionnelle, qui s'explique par la nécessité d'élargir les terrasses destinées à l'évolution des troupes. Les neuf chapelles absidales sont empâtées en manière d'exèdres dans l'épaisseur de la muraille. Un double déambulatoire entoure le chœur —

la nef intérieure de ce déambulatoire étant plus large que celle qui avoisine les chapelles. Ces nefs se divisent ainsi en travées trapézoïdales, voûtées d'ogives avec doubleaux et formerets très surélevés. Cette disposition entraînait un équilibre si mauvais que l'on a dû étrésillonner la nef la plus étroite par des dalles disposées horizontalement, et faisant linteaux d'un chapiteau à l'autre. Et ce n'est pas une solution bien élégante.

Il est facile de s'apercevoir que ce chevet comportait primitivement un triforium au-dessus de son déambulatoire. Toute cette partie de la construction fut remaniée au commencement du XIIIe siècle, lorsqu'elle reçut les voûtes d'ogives qui n'avaient pas été prévues au début des travaux. On remarquera également que les fenêtres géminées qui éclairent le chœur sont de véritables *ajimeces* [1] arabes, dessinant à leur sommet un arc en fer à cheval. Ces traces d'art musulman sont d'ailleurs extrêmement rares à Avila.

Ce chevet est la partie la plus ancienne de l'église. Elle appartient au style de transition. Le reste, à partir du transept, est de l'art gothique dans son plein épanouissement (fin XIIIe et XIVe siècle). Il manque toutefois à ces nefs obscures ce qui donne une si grande élégance à notre architecture gothique : cette extrême légèreté, qui provient du peu d'importance donné à la maçonnerie par rapport à la largeur des baies multicolores, de sorte que ces églises apparaissent — comme on l'a souvent observé — ainsi que de véritables cages de verre. Ici les fenêtres ont été, en partie, aveuglées. Cela tient d'abord aux nécessités du climat. En Espagne (cathédrales de Barcelone, de Tolède, etc.), et en Italie, comme nous le voyons à la Minerve de Rome, on a dû en effet se défendre contre les ardeurs du soleil. Mais cela tient aussi au caractère spécial de cette église, qui était en même temps un donjon. Enfin l'austérité de la décoration de toute cette construction gothique, qui n'est pas même égayée par des chapiteaux aux corbeilles sculptées, fait contraste avec la richesse des éléments introduits à l'époque plateresque [1], tels que le *trasaltar* et le *trascoro*.

Les seuls ornements que possédait l'église au début du XVe siècle étaient des tombeaux.

Les plus anciens datent du XIIIe siècle.

L'abside abrite un grand nombre de tombes de cette époque ainsi que les bas côtés de la nef et les deux tours. La plupart portent des noms

1. Fenêtres arabes dont les arcs cintrés retombent sur des colonnettes.

2. C'est-à-dire à l'époque où les éléments italiens, tels que pilastres à arabesques, vinrent se mêler aux éléments gothiques. Le mot *art plateresque*, c'est-à-dire art des orfèvres (*plata*, argent), a été d'ailleurs employé avec des acceptions tellement diverses, il représente des phases tellement différentes de l'art de la Renaissance que nous avons préféré la plupart du temps une terminologie plus claire pour des lecteurs français.

très illustres et des dates très précises. Mais il faut se méfier des uns et des autres. Car, vers 1550, un *racionero* (prébendé) nommé Manso a déployé un zèle déplorable à orner de magnifiques inscriptions gothiques toutes les tombes qui avaient, au cours des siècles, perdu leur état civil. Sur l'une de ces tombes, il nous confesse ses doutes avec une ingénuité touchante. Mais cet aveu ne signifie pas du tout qu'il faille accorder beaucoup plus de crédit à ses autres inscriptions. Faute d'indication plus sûre, nous les suivrons toutefois, mais en faisant de sérieuses réserves.

Phot. de l'Auteur.

Abside de la cathédrale.

Le plus souvent ces tombes antiques sont tout à fait simples : le sarcophage s'abrite dans un enfeu dont l'arcade est brodée de dents de scie, comme celui que nous voyons dans la tour du sud, ou est constitué par un arc géminé ayant pour appui intermédiaire un chapiteau sans colonne, comme celui de l'évêque Domingo Blasquez. Parfois la sépulture est d'un art plus compliqué et l'on voit le gisant étendu sur son sarcophage, tandis que son âme est enlevée au ciel par les anges — telle est la tombe de don Hernando (1292). Dans la tour nord, une autre est plus intéressante encore. Des anges décorent l'archivolte. Des lions supportent le cénotaphe. Les funérailles sont représentées sur ce dernier ; tandis que le fronton nous montre la crucifixion avec un évêque et six prêtres qui semblent présider les obsèques. Ce tombeau serait celui d'Esteban Domingo, chef d'un des bans d'Avila — car Avila, comme Ségovie, et d'ailleurs, presque toutes les villes d'Espagne, étaient divisées en bans rivaux, Montaigus et Capulets, pendant tout le moyen âge.

Pendant le siècle religieux de saint Louis et de saint Ferdinand, le gisant est couché sur sa tombe dans la rigidité de la mort, et les sculptures qui décorent le sarcophage n'évoquent que des pensées pieuses et les espérances éternelles. Mais, avec le XIVe siècle, l'orgueil humain se révèle. La tombe est plus riche. Les attributs qui affirmaient la puissance du vivant sont étalés autour du défunt. Celui-ci lui-même semble se révolter contre l'humiliation de la mort ; il s'agite déjà sur sa couche. Bientôt nous le verrons se redresser pour s'agenouiller pieusement. Au XVIIe siècle, il se relèvera tout à fait et gesticulera dans des attitudes de triomphe.

Phot. Hauser et Menet.

Portail principal de la cathédrale.

La tombe de l'évêque de Sigüenza, don Blasco, près de la chapelle San Blas, qui est datée de 1334, présente cependant des attributs pieux, comme il convient à un prélat. Elle est entourée d'anges agitant des encensoirs. A l'intérieur, sous un calvaire, des clercs s'alignent dans l'attitude de la prière.

Les tombes des évêques Blasco Blasquez (1307), Sancho Blasquez Davila, gouverneurs d'Alphonse IX (1369), d'Alonso de Cordoba (1369) et de son successeur, nommé également Alonso (1378) avec une effigie d'albâtre, n'ont rien de particulièrement caractéristique.

Mais il faut signaler, pour les influences d'art mudéjar qui se manifestent sur le sarcophage, dans la chapelle San Ildefonso, la tombe de don Alonso, évêque d'Avila (1378) que décorent des feuillages gothiques.

Ce sont là les tombes de bons prélats, « pieuses et discrètes personnes », comme on disait chez nous. Mais voici la tombe d'un héros. L'illustre Sanche Davila est représenté avec son page veillant à ses pieds — formule que nous retrouverons fréquemment à la même époque. C'est ce brave entre les braves qui prit aux mores la forteresse d'Alhama et le combat fut si furieux que ses serviteurs durent ensuite recueillir ses membres dispersés. Non loin de là, dort le bon *Caballero* Pedro de Valderabano, ayant également son page à ses pieds.

Phot. Gonzalez.

Chaire gothico-mudéjar de la cathédrale.

En somme, dès la fin du XIVe siècle, le gros œuvre de la cathédrale était terminé. Mais ses nefs semblaient encore bien nues aux imaginations plus fleuries du XVe et du XVIe siècle. Seul le portail nord présentait un ensemble sculptural important. Le principal intérêt de ces sculptures est de témoigner à quel point, à cette époque encore, prédominait en Espagne l'influence française.

La guerre de Cent ans vint mettre un terme à cette suprématie. Les vaincus ont toujours tort ; et celui qui a perdu la force matérielle, n'est pas plus en mesure d'imposer son goût esthétique que ses volontés politiques. Donc, au XVe siècle, d'autres influences avaient supplanté celle de la France, et se disputaient la direction du mouvement artistique en Espagne. Dès ce moment on y distingue un art à la fois gothique et mudéjar — qui est à proprement parler un art espagnol — un art d'origine flamande, et un art d'origine italienne. Et nous voyons réunies côte à côte, dans la cathédrale d'Avila, des œuvres typiques de ces différentes écoles.

Vers la fin du XVe siècle, un très beau peintre réunissait en lui des qualités flamandes et italiennes, nous voulons parler de Pedro Berruguete, dont on admire au Prado des épisodes de la vie de saint Pierre martyr, de saint Dominique et des scènes de l'Inquisition, qui d'ailleurs proviennent d'Avila. De l'école italienne il possède le style, la science de la composition ; il emprunte aux flamands une certaine rutilance de coloris, enfin il tient de son tempérament espagnol le goût des fonds d'or, du réalisme sombre, des scènes dramatiques, et des supplices bien atroces.

Il commença pour la cathédrale d'Avila en 1499 le retable du maître autel. C'est une œuvre d'intérêt capital ; car ce n'est guère qu'ici et au Prado que l'on peut étudier ce peintre somptueux. On lui doit les figures de la prédelle : *saint Pierre et saint Paul*, les *quatre évangélistes* et les *quatre docteurs de l'Église*, et, dans les registres supérieurs, le *Christ au jardin des Oliviers*, et la *Flagellation*. Son œuvre fut continuée par l'espagnol Santos Cruz, qui mourut au bout de trois ans, après avoir peint l'*Adoration des mages*, le *Crucifiement* et la *Résurrection*, et par le français Jean de Bourgogne, auquel on doit : l'*Annonciation*, la *Nativité*, la *Présentation*, la *Descente aux limbes* et la *Transfiguration*. Les deux chaires de fer doré qui se font face présentent deux échantillons typiques des deux styles qui se sont succédé, l'une étant encore guillochée d'une décoration gothico-mudéjar, l'autre étant ornée de ces pilastres italiens à arabesques que nous voyons apparaître avec l'art plateresque — cette création des orfèvres dont le plus éminent fut Juan de Arfé. Et le trésor de la cathédrale possède justement un chef-d'œuvre de cet artiste, une custode signée et datée.

Longtemps on a attribué à un italien, Domenico Fancelli, le somptueux tombeau de l'illustre savant qui fut évêque d'Avila, Alfonso de Madrigal, dit el Tostado « le premier Salomon d'Espagne et le deuxième du monde » (1514), tombeau qui fait au *trassagrario* une décoration monumentale. D. E. Gomez Moreno a rendu ce chef-d'œuvre à son véritable auteur, un espagnol nommé Vasco de la Zarza dont il a lu la signature parmi les arabesques du tombeau d'Albornoz à Tolède. Ce tombeau du Tostado, d'une exécution si magistrale, n'en est pas moins tout imprégné d'élégance italienne, ainsi que les deux retables, si finement ouvragés, des autels de San Segundo et de Santa Catalina. En revanche, les sculptures qui ornent les autres parois du *trassagrario* et particulièrement, le saint Jean-l'Evangéliste, qui est une œuvre de très réel mérite, nous ramènent à l'influence flamande.

Les reliefs du *trascoro* sont d'un art bien plus lourd. Ils représentent l'*Adoration des rois*, le *Massacre des innocents*, et la *Présentation*. Ils furent entrepris en 1531 par Juan Res et Luis Giraldo et terminés en 1536 par Juan Rodriguez.

D'un tout autre mérite est le *Christ à la colonne*, conservé dans la sacristie qui est attribué à Alonso Berruguete.

Vers le même temps (1525) on posait les verrières et la grille du chœur, et Juan Rodrigo (1527) commençait les stalles, qui furent terminées par Cornelis de Hollande, de 1536 à 1547.

On pense bien que la Renaissance ne se contenta pas d'enrichir la cathédrale de quelques objets de décoration ou d'ameublement intérieur. Elle

Phot. Gonzalez.

Sépulcre de Tostado à la cathédrale.

ajouta des chapelles nouvelles, et s'attaqua même aux parties anciennes, pour les transformer selon le goût du jour.

La chapelle de la Conception, et la chapelle à coupole de la Vierge de la Piété, témoignent de la munificence des seigneurs de cette époque, qui a vu construire également la Sacristie. Et il faut convenir que ces additions sont, à côté de l'austère grandeur du monument gothique, d'un effet singulièrement disparate. Plus cruellement encore s'affirme cette discordance dans les transformations que l'on crut alors devoir faire subir au portail nord et surtout au portail principal.

Le XVe siècle avait achevé avec beaucoup de sobriété la tour nord, la seule qui ait été terminée. A peine les angles des contreforts, les archivoltes et les gables des baies sont-ils ourlés d'un discret chapelet de boules; à peine, au dessous des créneaux, le nu de la muraille est-il égayé d'une décoration géométrique très simple, qui rappelle celle de la *Giralda*. Entre les deux masses puissantes des tours, le portail étale une exubérance sculpturale mes-

Phot. de l'Auteur.

Trasaltar de la cathédrale.

quine. Aux piédroits, deux sauvages armés de massues se préparent à assommer les profanateurs. L'archivolte est surmontée d'une sorte d'attique, aux compartiments séparés par des colonnes, et forme une succession de niches occupées par les saints protecteurs d'Avila (le Sauveur, saint Vincent, sainte Sabine, sainte Cristeta, san Segundo, sainte Thérèse). Un fronton horriblement compliqué, où le blason du chapitre est gardé par deux sirènes (!) vient masquer d'une façon déplaisante une partie du fenestrage.

L'époque classique n'épargna pas à cette cathédrale les créations encore plus disparates de son style glacial. Et Francisco de Mora, le disciple de Herrera, fit pour l'évêque Jeronimo Manrique le plan d'une somptueuse chapelle, qui fut édifiée de 1594 à 1615, pour recevoir le corps de San Segundo. Un tabernacle churrigueresque[1] et des fresques de Francisco Llamos sont venus tempérer l'austère froideur de cette architecture escurialesque. Enfin, lorsque nous aurons signalé la grande chapelle qui, commencée au XVIIe siècle, fut terminée par le marquis de Velada à la fin du XVIIIe, nous aurons énuméré les principales transformations que cette cathédrale magnifique subit au cours des siècles.

Jusqu'ici cependant nous n'avons pas parlé du cloître qui appartient au milieu du XIIIe siècle et qui fut très remanié à la Renaissance.

Dans les angles se trouvent différentes chapelles: celle de la *Piedad*, ou de *las Cuevas*, contient un bon retable, œuvre d'un peintre espagnol italianisant du XVe siècle. Du côté est, se trouve une salle historique. C'est l'ancienne bibliothèque édifiée en 1494 par Martin de Solorzano. Là se réunit la *Santa Junta* des *comuneros*. Les vitraux sont l'œuvre de deux artistes de Burgos, Juan de Santillano et Juan de Valdivieso (1498). Cette salle est recouverte d'une belle voûte d'ogive en étoiles. Elle abrite la tombe de Garci Ibañez de Mujico Bracamonte et de sa femme, et celle du cardinal don Francisco Davila y Mujica (1606) et de ses neveux. D'où le nom de chapelle du cardinal donné à cette salle.

IV. — XVe SIÈCLE. SANTO TOMAS

La cathédrale vit défiler au XVe siècle des cortèges étranges, et parfois d'une grandeur tragique bien espagnole. Elle vit les tristes noces du roi Jean II, et les *Cortes* qui s'y réunirent pour légitimer l'attentat de Tordésillas. Les partis se disputaient la possession du dôme. Mais de tous les tableaux qui se déroulèrent au XVe siècle à Avila, le plus sinistre est celui de la dégradation du pitoyable Henri IV.

A l'appel de l'archevêque de Tolède, don Alonso Carrillo, les grands de Castille étaient accourus. Un échafaud avait été érigé près de la porte de l'Alcazar. Là, on dressa l'effigie du souverain, vêtue de deuil, avec les insignes de la royauté. Et devant tous ces personnages imposants, ces révoltés vêtus de velours et d'orfrois, on lut au fantoche royal la sentence qui le dépossédait de son trône. Et quand la lecture fut terminée, l'archevêque le dépouilla de sa couronne; le comte de Benavente lui enleva son sceptre ; le comte de Plasencia lui arracha son épée; enfin don Diego Lopez de Zuniga renversa le mannequin. Alors l'échafaud fut transformé en trône. Et un enfant de deux ans,

1. Le style churrigueresque, ainsi appelé de l'architecte qui en est considéré comme l'initiateur, Jose Churriguera, correspond à notre style rocailleux du XVIIIe siècle.

le frère du souverain déposé, l'infant don Alphonse, y fut placé et acclamé roi.

Ceci se passait le 5 juin 1465. Il est vrai que lorsque Henri IV mourut, le 18 décembre 1474, la ville essaya de réparer son affront en lui faisant de solennelles funérailles. Les peuples sont capricieux dans leurs haines et dans leurs amours.

Phot. Hauser et Menet

Intérieur de l'église de Santo Tomas.

Et quand les rois catholiques montèrent sur le trône, ce furent de grandes fêtes à Avila. La population, surtout la plus humble, avait beaucoup pâti pendant les luttes des précédents règnes. On sentait qu'une ère nouvelle allait commencer. Les mores et les juifs, qui étaient nombreux à Avila, se montrèrent particulièrement joyeux de cet avènement, et le célébrèrent par des danses et des fêtes. Ils ne prévoyaient pas que ce règne victorieux devait leur être fatal. Un édifice se construisait aux portes de la ville, qui allait décider de leurs destinées.

Jusqu'ici les rois n'avaient séjourné à Avila que lorsque quelque événement menaçant les obligeait à chercher un sûr refuge, derrière de bonnes murailles, parmi une population fidèle. Les rois catholiques y voulurent avoir une demeure permanente, non parmi des courtisans, pour étaler leur faste, mais au milieu des moines, pour prier. Ils donnaient, les premiers, un exemple que devaient suivre leurs descendants à Yuste et à l'Escorial. Santo Tomas, Yuste, l'Escurial, trois palais royaux, qui sont en même temps des couvents, et dont l'austère grandeur, qui s'érige dans la morne solitude de sites désolés, résume, en trois images d'un symbolisme impressionnant, toute la majesté de la monarchie catholique au temps de sa plus grande prospérité.

En 1478, une grande dame de la ville, doña Maria Davila, veuve de don Hernán Muñoz Arnalte, trésorier et secrétaire des rois catholiques, fonda, dans un faubourg d'Avila, le couvent de Santo Tomas. Le premier supérieur fut l'ancien prieur de Ségovie, le fameux fray Torquemada. C'était un homme puissant, confesseur des rois. Il sut intéresser ses pénitents couronnés

Phot. Gonzalez.

Tombeau de l'infant don Juan (église Santo Tomas).

à son œuvre. Et ils voulurent y avoir leur demeure. Voilà pourquoi Santo Tomas a ce caractère original d'être à la fois un monastère et un palais. Cela ne suffisait pas à l'ambition des fondateurs. Et ils en firent, de plus, une université. Le 11 avril 1493, l'œuvre était terminée.

Entre temps, en 1491, on avait condamné, dans une salle du couvent, les meurtriers des enfants de la Guardia. Ce fut un procès très célèbre. Sept juifs furent jugés et condamnés, dont quatre brûlés à Avila, sur la place du marché. Et leurs dépouilles servirent à terminer les constructions du couvent. Les premiers *sambenitos* furent inaugurés à Avila, où eurent lieu, dans une salle du couvent, les premiers procès d'Inquisition.

On sait que fray Tomas de Torquemada était un justicier sévère.

Il avait fait, dit-on, promettre aux rois catholiques, à leur mariage, deux choses : de reprendre Grenade aux Mores et d'expulser les juifs. Ayant ainsi isolé ses royaux pénitents, les tenant en contact intime et permanent avec lui, il employa toutes les ressources, même celles de l'architecture, à leur rappeler sans cesse leur promesse. Grenade surtout lui tenait au cœur. Et pour que la pensée de la ville captive fût sans cesse présente aux yeux des rois catholiques, il fit sculpter des grenades, aux murailles de leur austère demeure, et notamment, comme on peut s'en convaincre par notre photographie — aux tympans du patio du Silence.

Phot. de l'Auteur.

Partie supérieure du cloître du Silence (couvent de Santo Tomas).

Grenade était prise avant que la construction ne fût terminée. Mais une catastrophe vint faire de l'église un tombeau. En 1497, les rois catholiques perdirent leur fils unique, l'infant don Juan, prince charmant qui faisait espérer un grand roi. L'enfant était mort à Salamanque. Le roi, pour adoucir le coup terrible, fit parvenir à la reine la fausse nouvelle de sa propre mort. Et celle-ci aimait tant son époux, que de voir le roi sain et sauf, cela lui permit de supporter avec plus de courage la mort de son fils.

Le tombeau du prince se voit encore dans l'église de Santo Tomas. Le gisant est étendu au pied de l'autel, sur un sarcophage du style des tombeaux de Pollaiuolo que l'on voit à Saint-Pierre de Rome. C'est l'œuvre de Micer Dominico Alexandro Fancelli, de Florence, qui la termina en 1512 avec la collaboration de l'espagnol Bartolomeo Ordoñez. L'âpre réalisme de Pollaiuolo est tempéré par le ciseau de Fancelli. Et l'effigie du prince garde tout le charme de la jeunesse. Il serre son épée sur sa poitrine, la figure paisible, presque souriante, comme s'il dormait. Il repose sur son lit de parade, et sur les côtés du mausolée, sont alignées les vertus théologales et cardinales, avec des saints de l'ordre de

Saint-Dominique. C'est ainsi sans doute que la grande reine voyait dans son souvenir l'image pâle de son fils. Et ce doux fantôme fit peur aux rois. Leur cœur invincible ne put supporter sa présence. Ils s'éloignèrent d'Avila.

Mais ceux qui veillaient à son éducation, Juan Davila, son précepteur, et Juana Velasquez de la Torre, sa femme, sont restés fidèlement à ses côtés. Leur tombe est auprès de la sienne. D'autres membres de la famille Davila sont agenouillés à l'ombre des chapelles voisines, comme une garde d'honneur posthume. Et c'est très émouvant de revoir ici ces témoins du plus glorieux des règnes, avec leur chaperon, leur figure allongée et hautaine, leurs cheveux longs coupés droits, au niveau du cou.

Phot. de l'Auteur.

Cloître des rois (couvent de Santo Tomas.)

Au-dessus de l'autel, un retable de Pedro Berruguete, chef-d'œuvre qui ne le cède en rien à celui de la cathédrale, nous raconte l'histoire de saint Thomas, mettant en scène tout un monde semblable à ceux que voyaient les contemporains du prince. Les religieux dominicains qui ont encore la garde de ce couvent, vont et viennent autour de l'autel, et achèvent de compléter l'illusion. Et nous revivons vraiment ici dans l'Espagne des rois catholiques, dans le milieu même où ils ont vécu, dans le décor qu'ils ont créé.

Jamais décor ne fut d'ailleurs mieux adapté à l'intention des fondateurs.

Cette église elle-même est un chef-d'œuvre de sévère grandeur, comme il convient à un lieu de retraite et de prière.

Outre les grenades que nous avons signalées, et les emblèmes des rois catholiques (le joug et les flèches), les chapelets de boules, qui courent dans des gorges, à la corniche, aux angles des contreforts, aux archivoltes des arcades, sont le monotone ornement de cette église et des cloîtres. Partout ils se déroulent pareils aux grains d'un rosaire démesuré, comme pour rappeler celui qu'égrenaient les habitants de cette morne demeure. Si l'on veut mesurer toute la simplicité de ce décor, à une époque de si exubérant épanouissement, il faut le comparer avec celui des autres grandes églises de la même époque, avec Santa Cruz de Ségovie, avec San Juan de los Reyes de Tolède. Là les rois catholiques étalaient leur faste ; ici ils s'astreignaient à l'humilité monacale. L'édifice n'en a que plus de majesté. Il présente un plan de croix latine, avec chevet plat, et chapelles entre les contreforts. Il est voûté d'ogives aux nervures en étoiles. Au-dessus de la première travée de la nef, est une tribune pour les moines. Là se trouve une luxueuse *silleria* [1], dont les deux premières stalles sont réservées aux rois. Par une disposition singulière, à l'autre extrémité de la nef, l'autel lui-même est surélevé, de manière à constituer comme une seconde tribune, — et cela sans doute pour que les offices soient mieux vus des religieux. Cette disposition donne une grande majesté à tout l'édifice.

Phot. Hauser et Menet.

Cloître de Santo Tomas.

Pour répondre à leur triple destination, les bâtiments conventuels se divi-

1. Ensemble des stalles.

sent en trois parties, chacune groupant ses différents logis autour d'un patio, — celle des novices, celle des moines, et celle des rois. C'est une adaptation à la fois très originale et très rationnelle du plan classique des monastères selon la règle de Saint-Benoît ou de Saint-Bernard. Le cloître des religieux, dit cloître du Silence, est, comme nous l'avons vu, orné de grenades, entre les arcades de la galerie supérieure et la corniche, d'écussons et des emblèmes

Phot. de l'Auteur.

Ruines de San Francisco.

des rois catholiques, le long de la balustrade. Le cloître le plus vaste est celui des rois. En revanche sa décoration est plus sobre et se compose uniquement de chapelets de boules. L'un et l'autre cloître comporte deux étages d'arcades surbaissées, celles de la galerie supérieure s'incurvant en redents à peine indiqués par une ondulation légère.

Après les grands souvenirs évoqués par ce couvent, nous ne saurions nous attarder longtemps devant des ruines d'intérêt secondaire, telles que *Santa Catalina*, fondée en 1468, par la petite-fille d'un chevalier français, *Saint-Clément de l'Adaja*, qui ne montre plus, en face de San Domingo, qu'un joli portail orné d'une vierge au trumeau, ou comme *San Francisco*, dont les nefs achèvent de s'écrouler à l'extrémité du faubourg du nord. Cette dernière ruine a cependant grande allure. Cette église existait déjà au XIIIe siècle. Mais ce qui en subsiste aujourd'hui date presque uniquement des XVe et XVIe. C'était à cette époque un véritable panthéon de grandes familles castillanes. Là furent ensevelis, don Alvaro Davila, maréchal de Castille, et ses descendants, les Bracamonte. Une partie de la famille de sainte Thérèse gisait dans ce panthéon. L'église se trouvant trop petite pour contenir toutes ces tombes, les familles qui voulaient y avoir leur sépulture, l'agrandirent de chapelles nouvelles. Celle de San Antonio qui se trouve à l'angle formé par le bras nord du transept et la chapelle majeure, qu'elle surpasse en magnificence, est une des plus grandes chapelles particulières de l'Espagne. Elle dessine un octogone parfait que recouvrent des voûtes à nervures compliquées en étoile.

Phot. de l'Auteur.

Maison au Guerrier, place de la cathédrale.

Un cloître de la Renaissance était annexé à l'église. Malheureusement cette église magnifique, panthéon de Castillans illustres, est aujourd'hui fermée au public, et achève de s'écrouler lamentablement. Il n'est que trop facile de prévoir qu'un jour prochain viendra où les ruines elles-mêmes auront cessé d'exister. Et la cité d'Avila aura perdu un de ses monuments les plus riches en souvenirs.

De jour en jour ces reliques du passé se font plus rares. Déjà l'époque de prospérité que connut Avila au XVe et au XVIe siècle avait amené la destruction de beaucoup d'édifices anciens, particulièrement de palais. De fait, aucun de ceux que nous voyons aujourd'hui à Avila ne paraît antérieur au XVe siècle. De cette époque, ou de la première partie du siècle suivant, sont la maison qui montre sur la place de la cathédrale, un guerrier sculpté sur le linteau, le palais de *Pedro Davila* dont le portail, sur une place ombragée, arbore, sur son linteau, un écusson tenu par deux sauvages velus, ayant à leurs côtés, deux hérauts à cheval, sonnant de la trompette, le palais dit *del Torreon*, à cause de la tour crénelée cantonnée de quatre échauguettes, qui en est le majestueux ornement, celui des *Bracamonte*, qui montre ses blasons derrière l'église de Mosen Rubin, le palais qui se trouve sur la place Sainte-Thérèse, et qui sert aujourd'hui d'*Audiencia provincial.* Au-

Phot. de l'Auteur.

Palais de l'Audiencia provincial.

dessus de l'archivolte aux lourds claveaux, se lit l'inscription suivante : SEÑOR BLASCO NUÑEZ VELA DOÑA BRIANDA DE ACUÑA, AÑO MDXLI AÑOS. L'ornement le plus ordinaire de ces demeures est l'éternel chapelet de boules ourlant un encadrement rectangulaire ou un arc surbaissé, ou encore les piédroits et l'archivolte, comme on le voit à la jolie porte d'une maison très simple qui avoisine San Andrès. Avec cela l'écusson du maître sur le tympan, comme au palais *Campo Manos,* dans une rue étroite, près de la porte Saint-Vincent.

Tous ces palais, avec leurs portes couronnées d'une archivolte aux lourds claveaux, ont un air assez rébarbatif. Ces demeures parlent de mœurs rudes et guerrières. Elles convenaient merveilleusement aux fiers *conquistadores,* dont les peintres du XVe et du XVIe siècle nous ont laissé la physionomie sévère. On voit très bien le maître, revêtu de ses vêtements de couleurs sombres, comme dans les portraits de cette époque, ou de son armure d'acier damasquiné, sortir suivi de ses serviteurs, pour la prière ou pour le combat.

Les mœurs de ces Castillans aguerris par le climat rigoureux ressemblent fort peu à celles de ces seigneurs d'Andalousie, du temps de Pierre le Cruel, amollis par le perpétuel contact avec la voluptueuse civilisation moresque.

Phot. Lacoste.

Portail de la Casa de Polentinos.

V. — XVIe ET XVIIe SIÈCLES
SOUVENIRS DE SAINTE THÉRÈSE

Et il ne semble pas que le règne brillant de Charles-Quint ait apporté à Avila un grand changement dans les mœurs. Sans doute, la *casa de Polentinos*, aujourd'hui académie militaire, avec son élégant patio à deux étages ornés d'écussons au-dessus des chapiteaux et d'élégants feuillages courant sur les architraves, avec son singulier portail, tout décoré de pilastres, de médaillons et d'écussons, dont la délicatesse fait contraste avec la signification guerrière des mâchicoulis qui lui servent de couronnement, sans doute ce palais est d'une décoration très riche ; mais il reste une exception. La *casa du marquis de Velada*, près la cathédrale, qui reçut Charles-Quint, en 1534, le *palais du comte de Superanda*, présentent des façades élégantes, mais dont le caractère est surtout la simplicité et la force.

Un certain nombre de ces maisons sont adossées à la muraille de la ville. Car chacun avait le droit de construire contre l'enceinte, à condition de se charger de sa défense. Telle était la maison dont on remarque près du chevet de la cathédrale, le portique Renaissance, et qui fut fondée par le prébendé Rodrigo Manso pour servir d'hôtellerie à des pauvres.

En somme, les architectures civiles du XVIe siècle nous donnent encore l'impression de mœurs rigoureuses. Elles n'éveillent dans l'esprit que des idées sérieuses.

Cependant, il faut bien en croire sainte Thérèse, il s'était produit un relâchement dans l'austérité de ces mœurs. Entre les palais et les cloîtres il y avait des va-et-vient inquiétants. La fille d'Alfonso Sanchez de Cepeda mit

Phot. Lacoste.

Patio de la Casa de Polentinos.

un terme à ces abus. Elle le fit avec un tact, une bonne humeur et un héroïsme qui forcent l'admiration. Et il en résulta, pour sa cité natale, une gloire qui a survécu à près de cinq siècles. Avila, Avila des Saints, est devenue la ville de sainte Thérèse. C'est à la grande moniale, qui est en même temps un des plus purs écrivains de l'Espagne, un écrivain aux images hardies et même relevées d'un peu de préciosité, que l'on pense dès que l'on aperçoit les murailles d'Avila, c'est elle dont on cherche la trace à travers la ville.

Où donc est la maison de son père ? où donc le couvent de l'Incarnation, où elle reçut l'habit monastique ? où donc le monastère de Saint-Joseph, qui fut sa création selon son rêve, et la fondation selon son cœur ? Hélas ! une dévotion mal comprise a substitué aux émouvantes demeures sanctifiées par son passage, des architectures prétentieuses et déclamatoires.

Il ne reste plus rien de la maison d'Alphonse de Cepeda. En 1636, grâce à la faveur du comte-duc d'Olivarès, des Carmes se sont installés dans le palais vénérable. Ils occupent encore le même emplacement. Mais ils ont démoli la maison pour y édifier une église banale dans le style de Herrera.

Phot. Lucas-Martin.

Eglise Sainte-Thérèse.

Quant aux *couvents de l'Incarnation* et de *Saint-Joseph*, ils existent toujours ainsi que le monastère de *nuestra Señora de Gracia*. Malgré un beau retable du XVIIe siècle, cette église, qui fut toute restaurée en 1662, après un incendie, n'offrirait pas grand intérêt, si ce n'était là que Thérèse de Ahumada [1], qui avait alors seize ans, fut amenée par son père, plutôt pour prévenir un danger que pour corriger un léger penchant à la frivolité. Elle était alors — elle l'avoue elle-même — très ennemie « *enemiguissima* » de la vocation religieuse. Au bout d'un an et demi, une grave maladie la ramena chez elle. Plus tard, le 2 novembre 1535, elle prit l'habit au couvent de l'Incarnation, et n'en sortit que pour fonder Saint-Joseph : mais elle y revint plus tard, sur l'ordre de ses supérieurs, lorsqu'il s'agit de rétablir une discipline qui était décidément bien entamée. On connaît cette scène délicieuse.

Lorsqu'elles avaient appris l'arrivée de la réformatrice redoutée, les nonnes avaient protesté avec une violence scandaleuse. Et elles se préparaient à la résistance. Leurs chevaliers servants menaçaient de les soutenir par la force. Mais voici qu'en entrant au chœur elles aperçoivent la sainte

1. On sait que les filles en Espagne prenaient le nom de leur mère. La mère de sainte Thérèse s'appelait doña Beatriz de Ahumada.

en prière. A la place de la supérieure, qu'elle avait le droit d'occuper, sainte Thérèse avait placé une statuette de la Vierge et lui avait remis les clefs du couvent. C'était la mère du Christ qui était ainsi devenue leur supérieure. A elles de se révolter, si elles l'osaient. Elles n'osèrent pas. Car, si ces femmes avaient la tête un peu folle, elles ne manquaient ni de cœur, ni d'esprit.

D'ordinaire l'église est fermée. Il n'est que de demander la clef à la tourière.

Et l'on va présenter sa requête devant un tour en bois. Une mystérieuse voix de femme invisible répond. On entend tinter une cloche. Puis le tour se met en mouvement, apportant au visiteur tous les trésors du couvent —

Phot. de l'Auteur.

Couvent de l'Incarnation.

je veux dire quelques menus objets ayant appartenu à la sainte. Cela est pour laisser le temps à une vieille femme du voisinage, de venir prendre la clef pour vous introduire dans l'église. Et la même scène se renouvellera aux différents couvents que vous voudrez visiter. C'est à la fois étrange et touchant. Nulle préparation, ne pourrait mieux vous mettre dans l'état d'esprit, qui convient pour pénétrer dans le domaine de la sainte. Tout de suite vous vous sentez dans un autre monde et dans un autre temps. Et votre imagination est toute prête à compléter la vision. Malheureusement elle est déçue. Elle se sent découragée par le caractère insignifiant des architectures, qui, vers 1630, furent érigées à l'endroit où était la cellule de la grande moniale.

Même surprise vous attend à Saint-Joseph, ce lieu qu'elle aima tant, ce couvent où elle put enfin réaliser sa conception de la vie monastique, et qu'elle inaugura au son du flûtiau, du tambourin et du tambour de basque ; car les saintes ont l'âme pleine d'allégresse. On serait ému de retrouver l'humble cellule, où elle subit de si cruelles angoisses et des luttes si âpres, que son fidèle ami saint Jean de la Croix l'aida à supporter, et où elle vécut ensuite les cinq années les plus paisibles de sa vie. Malheureusement un célèbre architecte, disciple de Herrera, Francisco de Mora, fut affligé par la pauvreté du lieu. Pour manifester son admiration pour la sainte, il jeta par terre

Phot. de l'Auteur.

Couvent Saint-Joseph.

les murailles entre lesquelles elle avait prié, et refit tout, ou presque tout sur nouveau plan, en partie à ses frais. Cela se passait vers 1608. De sorte que de « ce petit coin de Dieu, paradis de ses délices », « *rinconcito de Dios y paraiso de su deleite* » comme parle sainte Thérèse — il ne reste rien qui puisse nous parler d'elle. Cette jolie vue « *lindas vistas y campo* » dont elle se réjouissait, quand elle l'apercevait à travers les grilles de son cloître, — car pour être une sainte, on n'en a pas moins le sens du pittoresque, — cette campagne qui la ravissait, a elle-même disparu. Le pauvre couvent est maintenant enserré de tous côtés par les bâtisses insignifiantes d'un quartier neuf. Mais si l'architecture classique de cette église n'a rien qui puisse retenir notre attention, nous nous souviendrons cependant qu'ici sont ensevelis les amis de la sainte, et d'abord son frère Lorenzo de Cepeda, qui fut le plus ferme appui de la pauvre *monjilla*, et Francisco de Saludo, le « *caballero santo* », comme l'appelait sainte Thérèse. Enfin l'évêque Alvaro de Mendoza, protecteur de la réforme et fondateur de la chapelle, dont la statue est agenouillée dans le chœur

Phot. de l'Auteur.

Eglise de Mosen Rubin.

du côté de l'épître. Les personnages que nous voyons à genoux près de là, le col engoncé dans leur énorme golille, sont Guillaume Velasquez, qui fut trésorier de trois reines successives, et son épouse.

Quand nous aurons visité l'église *San Juan*, où la sainte fut baptisée, près du *Mercado Chico*, et le portrait médiocre que l'on conserve à l'Ayuntamiento, œuvre d'un peintre misérable de nom et de talent, frère Jean de la Misère, nous aurons vu tout ce qui peut, à Avila, nous raconter l'existence de cette femme de génie.

Sans doute par suite de l'influence de sainte Thérèse, il y eut à Avila, au XVIe siècle et au début du XVIIe, comme une émulation de piété. Un grand nombre de couvents et d'oratoires se fondèrent. Malheureusement presque toutes ces fondations sont dénuées d'intérêt artistique. Et nous nous contenterons de mentionner l'oratoire de *las Nieves* dans la calle del Comercio, le couvent des *Clarisses*, le petit ermitage du *Cristo de Humilladero*, près de Saint-Vincent, et l'église *Saint-Millan* qui sert aujourd'hui de chapelle au séminaire. La chapelle du couvent de S. Antonio, *nuestra señora de la Porteria*, que l'on découvre au fond d'allées ombragées, fondée en 1583, n'a guère d'autre intérêt que sa jolie situation. Devant l'église, à l'ombre des grands arbres, est une fontaine. Un affreux monstre de pierre ouvre, au centre d'une vasque, sa gueule démesurée, comme pour faire peur aux jeunes filles qui viennent y emplir leurs jarres. Ce monstre, paraît-il, faisait, par son mérite artistique, l'admiration de Philippe III. Et cela prouve seulement que ce souverain n'avait pas un goût bien exigeant.

L'église la plus intéressante de cette époque nous semble celle de *Mosen Rubin*, à cause de la bizarrerie de son plan : une croix dont le sommet et les deux bras sont les bases de triangles tronqués. La voûte est remarquable, et l'ensemble est fort harmonieux. Devant l'autel est la statue tombale du fondateur, mosén Rubin de Bracamonte.

Au début du XVIIe siècle, en 1614, Avila fêta solennellement la béatification de sainte Thérèse avec des processions, des joutes, et... des courses de taureaux. A ce moment, où elle connaissait sa plus grande gloire, la cité commençait à décliner. L'expulsion des morisques par Philippe III lui donna le coup de grâce. Aucun des quelques monuments que nous voyons ériger au XVIIe siècle, tels que la *chapelle santa Maria de la Cabeza*, l'évêché, l'*Ayuntamiento*, ou le médiocre monument de la sainte sur le marché, ne méritent de retenir notre attention. Des paroisses entières se sont dépeuplées, non seulement dans les faubourgs mais dans l'enceinte elle-même, notamment à l'ouest, autour de l'église San Esteban. En revanche des quartiers nouveaux se sont construits à l'est, du côté de la gare.

Telle qu'elle est aujourd'hui, Avila, pas plus que Ségovie, ou Salamanque, n'est à proprement parler une ville morte. C'est une cité du passé d'une poésie incomparable. Pour donner quelque idée de cette poésie, il faudrait non seulement décrire ses monuments, en raconter l'histoire, mais il faudrait aussi pouvoir rendre avec la plume la couleur de ses monuments dorés par les siècles, donner l'idée de ce ciel qui les enveloppe de sa pure et resplendissante lumière, même lorsque passe le vent froid de la sierra ; il faudrait montrer enfin, dans les rues étroites, l'homme du peuple sous son grand chapeau, avec sa culotte de cuir, et la *capa* romantique dans laquelle il se drape, marchant sans hâte, pareil au fantôme d'un âge qu'on croyait révolu.

Phot. de l'Auteur.

Le pont romain.

SALAMANQUE

I. — LA SITUATION

Prononcer le nom de Salamanque, c'est évoquer d'un mot toute l'Espagne des romans picaresques, de *Lazarille de Tormes*, à *Pablos de Ségovie*, tous les sympathiques mauvais garçons, frères de notre Villon, qui avaient pour panoplie une épée, une rondache, et une guitare, qui volaient avec une ingéniosité magistrale à l'étalage des marchands, déjeunaient les jours de bombance, d'un plat de *garbanzos*[1], faisaient admirer, drapés dans leur *capa* en loques, leurs nobles attitudes, et finissaient au bout d'une corde, ou dans une chaire de docteur. C'est en même temps faire surgir dans la mémoire toutes les gloires de l'Espagne littéraire, Quevedo et Luis de Léon, Cervantès et Alarcon, Diego de Mendoza et Christophe Colomb.

1. Sorte de légumineuse dont Théophile Gauthier donne cette définition aussi exacte que pittoresque : « Un pois qui a l'ambition d'être un haricot, et qui y réussit trop bien. » Il n'est guère de repas, en Castille, où l'on ne vous serve des *garbanzos*. Ils sont l'accompagnement obligatoire du *puchero*, mets national, pot-au-feu compliqué qui réunit du saucisson (*chorizo*), du mouton, du lard, du poulet, des légumes divers, le tout relevé d'une sauce aux tomates et au safran. Les raffinés y introduisent encore beaucoup d'autres éléments, voir des dragées à la pistache et des fruits confits.

Protégée par Avila et Ségovie, sise dans un climat un peu moins rigoureux, au milieu de campagnes moins stériles, « *la reine du Tormès* », comme on l'appelait au XVIe siècle, ayant à jouer un rôle militaire moins actif, avait pu se livrer dans une paix relative aux spéculations de la pensée. Et cela est si vrai qu'elle en vint, avec l'agrément des rois, à raser son alcazar. Elle devint, non seulement un centre d'études, mais une véritable ville d'art.

Et elle connut ainsi une ère de gloire et de prospérité. Avec ses vingt-cinq paroisses, ses vingt-cinq couvents d'hommes, ses vingt-cinq couvents de femmes, ses vingt-cinq collèges, ses sept mille étudiants, et les dix-huit mille ouvriers vivant de son Université, avec tous ses dômes, et tous ses clochers, avec la cathédrale vermeille qui lui fait un superbe diadème, c'était bien une reine en effet.

Les siècles ont pu la dépouiller de quelques-uns de ses joyaux, réduire sa population, diminuer l'importance de son Université, elle a cependant gardé quelque chose de sa majesté. C'est une des rares villes, non seulement d'Espagne, mais d'Europe, qui ont su conserver le caractère de leur glorieux passé. Et il faut peut-être savoir gré aux chemins de fer, qui ont déployé une véritable ingéniosité pour calculer leurs horaires de telle façon, que l'accès de Salamanque est interdit à tous les gens pressés, à tous ceux qui n'ont pas quelque courage pour surmonter les petites difficultés d'un voyage un peu compliqué. De sorte que la cité du Tormès, isolée de la foule cosmopolite, est restée une ville vraiment espagnole, une ville du temps de Charles-Quint.

Avila ou Ségovie, ses rivales, vous parlent avec envie de sa campagne fertile. Fertilité toute relative. En réalité, l'on traverse, en venant de Medina del Campo, de grandes étendues plates, où quelques troupeaux de bœufs ou de moutons animent seuls les champs aux moissons maigres, où l'on aperçoit, çà et là, des villages construits dans la terre, étranges taupinières où vit une population misérable, paysage qui semble singulièrement morne au bout de quatre ou cinq heures de trajet. Et c'est un soulagement, lorsqu'on découvre Salamanque, dominée par le dôme de la cathédrale, la coupole des Augustines, et les clochers de l'église des Jésuites, pareille à une seconde cathédrale. Ce sentiment se change en une joyeuse surprise, lorsqu'ayant pénétré dans la ville, on voit tous ces palais, toutes ces églises, qui, les uns et les autres, sont bâtis d'une pierre de belle couleur rosée, du rose doux de certaines terres cuites, d'un rose qui semble le reflet d'un éternel coucher de soleil. De sorte que M. René Bazin a pu, très justement, appeler Salamanque la ville rose.

Et, sur toutes les murailles, vieilles de plus de quatre siècles, c'est-à-dire sur presque toutes, vous remarquez comme d'immenses monogrammes et des inscriptions étranges. Ce sont des *vitores*, c'est-à-dire des lettres et des écussons tracés par les étudiants, avec un mélange d'huile et de sang de bœuf, pour perpétuer le succès de quelque nouveau docteur. Et ces *graffiti* ont pris, avec le temps, une belle couleur de sanguine, qui rehausse encore la rutilance de ces monuments vermeils.

Beaucoup de vieilles maisons sont, en outre, munies d'énormes balcons en saillie, soutenus par des S en fer forgé et que décorent des pampres. Telle est cette ville charmante, assise sur ses trois collines, au-dessus du Tormès. Si

Phot. Hauser et Menet.

Vue générale prise du Tormès.

de trop zélés partisans du progrès n'avaient pas abattu la plus grande partie de l'enceinte, sans doute pour favoriser l'élargissement de la cité, — comme si les vingt-cinq mille habitants qui constituent la population actuelle ne pouvaient pas vivre à l'aise à l'intérieur de murailles qui en ont contenu plus du double, — sans cet acte de vandalisme, Salamanque aurait encore la silhouette magnifique, qu'elle avait au temps de sa splendeur.

Ce n'est cependant pas une ville morte. Une fois par an, au moment de la *feria* que lui accorda le roi Henri IV, du 8 au 21 septembre, elle s'emplit de nouveau d'un pittoresque tumulte. On donne, à cette occasion, toutes sortes de réjouissances ; — concours de musique, concours de danses, et, naturellement, les inévitables *corridas*. Les paysans, *charros et charras*, accourent de tous les environs, les uns avec le chapeau pointu aux larges bords, avec leurs guêtres de cuir, serrés dans la petite vestè étriquée à gros boutons d'argent, qui s'arrête au niveau de la large ceinture, les autres dans leur costume vert ou violet tout guilloché d'or, avec des bijoux en filigrane, aux oreilles ou sur la poitrine. Et, pour compléter l'étrangeté du tableau, de l'autre côté de la rivière, une foule grouillante est campée pour la foire aux bestiaux. On pourrait se croire revenu au temps des invasions, quand l'armée d'Hannibal assiégeait les murs de Salamanque. Il y a là des milliers d'animaux, qui, par une bizarrerie de la nature, sont tous de couleur noire — taureaux noirs, moutons noirs, cochons noirs. Les pasteurs, coiffés du large *sombrero*, campés sur leurs chevaux, la pique à la main, poussent devant eux ce bétail. Et, jusqu'à la tombée du soir, c'est sur le pont romain du Tormès, un véritable fleuve vivant, un fleuve noir, qui s'écoule dans une poussière vermeille, avec une grande rumeur de meuglements, de grognements, de hennissements et de cris.

II. — L'ANTIQUITÉ. LE PONT ROMAIN

Ce pont est actuellement le plus antique monument de Salamanque. De l'époque romaine, il garde encore, à peu près intactes, quinze arches du côté de la ville. Les douze autres ont été reconstruites en 1677, sous le règne de Philippe IV. Ce monument, qui date, sans doute de Trajan ou d'Adrien, se trouvait sur la route qui allait d'Astorga à Mérida. C'est sur ce pont, comme on le sait, que commencent les aventures mémorables de Lazarille de Tormès. Sa silhouette, alors, était bien autrement pittoresque qu'aujourd'hui. Un de ces mystérieux taureaux de pierre, de l'époque ibérique, comme nous en avons vus à Avila et à Ségovie, gardait l'entrée du pont. Les parapets étaient crénelés. Au milieu s'élevait une tour. Le taureau est actuellement déposé dans le cloître de San Esteban. Quant au crénelage et à la tour, ils ont disparu par la volonté d'un ingénieur, et sans doute pour la raison péremptoire qu'ils étaient trop pittoresques. Plaise à Dieu que ces arches romaines ne subissent pas quelque jour un sort semblable. C'est l'unique vestige de l'antique *Salmantica*, de cette cité aux femmes héroïques victorieuses des troupes d'Hannibal, dont Plutarque nous a gardé la mémoire.

III. — LE MOYEN AGE

Entre l'époque romaine et la fin du XIe siècle, il y eut pour Salamanque une période tragique. Depuis le jour où elle s'était rendue au terrible Muza, elle avait été ravagée plusieurs fois par les Arabes, et ne présentait plus que ruines, quand Alphonse VI confia à son gendre Raymond de Bourgogne, la mission de la repeupler (1102).

Des castillans, des gens du pays de Toro, des galiciens, des portugais, des français, répondirent à l'appel du comte. Un petit noyau de population indigène dite population *mozarabe*, avait survécu aux guerres, et occupait la *vega* du Tormès, c'est-à-dire la partie la plus rapprochée du fleuve, au midi de la ville. Au nord, s'établirent les castillans. Les gens de Toro se groupèrent à l'est ; tandis que les montagnards des Asturies et du royaume de Léon, et, auprès d'eux, les galiciens, occupaient, à l'ouest, un territoire étendu. Les portugais et les gens de Bragance fondèrent un autre quartier au sud-est. Enfin les français se fixèrent au centre, dans les environs de la cathédrale actuelle. Au bout d'un siècle, quarante-sept paroisses étaient fondées.

Phot. Lacoste.

Le Christ des Batailles.

Il semble bien que l'influence de nos compatriotes fut alors prépondérante.

L'évêque était un moine périgourdin de l'ordre de Saint-Benoît. On l'appelait Jeronimo Visquio, ou encore dom Cadoc. C'était un ami et compagnon de guerre du Cid, un héros légendaire. Il déposait volontiers la crosse pour prendre l'épée, et administrait aussi magistralement les coups d'estoc et de taille que les bénédictions. C'est lui qui, ayant célébré la messe, disait à Rodrigue de Vivar. « Bon Cid, vous avez de bonne heure ceint votre épée de guerre. Moi, je vous ai chanté la messe. Je réclame maintenant mon salaire. Octroyez-moi de distribuer les premières blessures. J'ai apporté un pennon neuf et de bonnes armes : je les voudrais essayer.

— Votre parler me plaît, répondit le Cid. Allez éprouver vos armes sur les Maures, et, d'ici, nous verrons comment l'abbé se bat. » Le Cid dut être satisfait de ce qu'il vit. L'évêque renverse deux infidèles d'un premier coup de lance. Celle-ci en est rompue. Alors il tire son épée, et il en pourfend encore cinq autres. Il est entouré, et se défend toujours, faisant grand honneur à son diocèse. Or il fallait alors avoir une poigne assez ferme pour tenir la houlette de pasteur ; car des ouailles d'origines si diverses étaient fort indisciplinées. Et nous voyons qu'à la guerre, leurs chefs militaires avaient grand'peine à en venir à bout.

L'évêque repose aujourd'hui en la nouvelle cathédrale, dans la chapelle

Phot. de l'Auteur.

Eglise Saint-Thomas de Cantorbéry.

dite du Christ des batailles, à cause du fameux crucifix qui aurait accompagné don Jeronimo dans la grande épopée. Une autre relique, non moins précieuse, est conservée dans le trésor ; c'est une autre croix, plus petite, de bronze doré, que le Cid lui-même, assure la tradition, portait au cou dans les combats. L'art, très hiératique, de ces deux crucifix ne dément pas cette attribution. Ce sont les plus anciennes œuvres d'art de Salamanque.

On doit bien penser qu'une ville composée de races si disparates ne devait pas être facile à gouverner. Pour mettre un peu d'équilibre dans ces forces divergentes, on avait attribué à chacune des races sa part dans les charges publiques. La ville était donc administrée par sept alcaldes et sept justiciers, élus dans l'ordre suivant : montagnards, castillans, mozarabes, français, portugais, bragancieus, et gens de Toro. Les galiciens avaient-ils déjà la situation qu'ils ont aujourd'hui en Espagne, et qui est exprimée par des plaisanteries dans le genre de celle-ci :

Anoche en la ventana
Vi un bulto negro ;
Pensando que era un hombre
Y era un gallego

Phot. Gombau.

Cloître de Santa Maria la Vega.

c'est-à-dire : « cette nuit sur la fenêtre, — j'ai vu un paquet noir, — j'ai pensé que c'était un homme, — ce n'était qu'un galicien » ? Ce qui est certain, c'est qu'on ne les voit pas figurer dans cette répartition des fonctions publiques. De plus, Salamanque était régie, au point de vue militaire, par un gouverneur portant le titre de comte, et dont la juridiction comprenait, outre la province actuelle, toute l'Estramadure, c'est-à-dire cinq cents villes, et cent quarante villages. Et c'est pourquoi le nom de Salamanque est souvent accompagné sur les vieux diplômes du titre : *cabeza de Estramadura*, tête d'Estramadure.

Il est un point sur lequel galiciens et portugais, bragonciens et montagnards semblent avoir été d'accord, c'est pour emprunter à l'art français l'architecture de leurs églises. A ce point de vue, nous ne pourrions que répéter ce que nous avons déjà dit à propos de Ségovie et d'Avila. *San Roman*, construit par les braganciens, et *Saint-Thomas de Cantorbéry*, dont on voit encore l'abside romane, dans l'ancien quartier portugais, ne révèlent pas des constructeurs d'une autre origine que ceux qui ont édifié pour les gens de Toro *Saint-Julien*, dont nous voyons encore la porte romane à trois archivoltes sans tympan, ainsi que *San Christobal*, qui a gardé son abside, ou *San Juan de Barbelos* bâtie pour les castillans, dont l'abside subsiste également. Nous en aurons dit assez sur ces églises d'intérêt secondaire, lorsque nous aurons ajouté qu'à *Saint-Thomas de Cantorbéry*, remanié, à l'intérieur, à l'époque churrigueresque, repose, soutenue par des lions, la noble effigie de don Diego de Velasco, évêque de Gallipoli, que *San Cristobal* a appartenu aux ordres de Saint-Jean, et de Santiago, et *San Juan de Barbelos*, célèbre par ses emmurées et les prédications de Saint Vincent Ferrier, fut l'église des templiers.

Phot. Hauser et Menet.
Vierge de la Vega
(trésor de la cathédrale).

Saint-Martin, construit pour les gens de Toro, mérite plus d'attention. Cette église, très remaniée à différentes époques, semble avoir été projetée en style bourguignon. Il faut remarquer le caractère singulier des piliers cruciformes à base ronde. Ils étaient sans aucun doute destinés à recevoir des arcs doubleaux dans la grande nef. Primitivement celle-ci devait être voûtée en berceau brisé, tandis que les bas côtés étaient voûtés en arêtes. L'église était alors éclairée par les bas côtés ; elle n'a reçu l'éclairage direct qu'au XVIIIe siècle. Enfin cette église renferme des tombes intéressantes de la famille Santisteban.

Une des églises les plus justement célèbres de Salamanque était *Santa Maria de la Vega*. Son cloître était particulièrement curieux par ses chapiteaux dont le décor animal rappelle celui de Moissac. Malheureusement des constructions grandioses, destinées à un orphelinat, ont amené la destruction de l'édifice ancien. Quelques arcades du cloître subsistent seules dans un parloir. Encore ont-elles été restaurées et regrattées, pour ne pas déparer par leur vétusté, l'aménagement ultramoderne de l'institution qui les emprisonne. La célèbre *Vierge de la Vega* a été transportée à la cathédrale. C'est un ouvrage de cuivre émaillé, sans doute de provenance limousine.

Si le même sort n'a pas encore amené la disparition de l'église *San Marcos*, celle-ci est pratiquement interdite aux visiteurs. Il faut, pour se la faire ouvrir, des démarches compliquées. Et l'on y prépare des travaux inquiétants. Cette église que le roi Alphonse IX avait érigée en chapelle royale, en 1202, est cependant extrêmement intéressante, par son plan tout à fait exceptionnel.

Eglise San Marcos.

C'est une des tours rondes de l'ancienne porte de Zamora. L'extérieur ne peut donner aucune idée de la disposition intérieure. Celle-ci se compose, en somme, de deux églises, construites à des époques différentes, et combinées de façon à ce que trois nefs et trois absides fussent renfermées dans l'enceinte circulaire. La travée centrale, couverte au XVe ou XVIe siècle d'un *artesonado* dans le style mudéjar, s'élève au-dessus des autres comme une lanterne de *crucero* [1]. Cette église est une des curiosités archéologiques de Salamanque.

Il est fort heureux que les Salamantins du XVIe siècle aient été animés d'un esprit de conservation et de respect à l'égard des vieux monuments, rare encore aujourd'hui, mais tout à fait exceptionnel à l'époque de la Renais-

1. Croisée du transept.

sance, où, à Rome même, sous l'œil des papes, on détruisait les chefs-d'œuvre les plus précieux de l'architecture antique, avec la complicité des plus grands artistes. Il faut donc bénir les chanoines de Salamanque, qui ont bien voulu épargner la *cathédrale vieille*, lorsqu'ils ont édifié la cathédrale neuve. Il est vrai que le motif qui les a inspirés semble avoir été d'ordre pratique. C'était pour ne pas être tant d'années sans avoir un lieu où entendre les offices divins. « *para no estar tantos años é tiempo sin haber donde oir los oficios divinos* ». Il n'en est pas moins vrai que la cathédrale nouvelle une fois terminée, le chapitre a fait grâce à la cathédrale vétuste. Il faut bien alors que le respect pour un passé vénérable y ait été pour quelque chose. Et c'est là un exemple presque unique, que l'on doit offrir à l'admiration de tous les chapitres et de toutes les municipalités qui, en général, ne s'embarrassent pas de tant de scrupules.

Phot. Hauser et Menet.

Abside de la cathédrale vieille et tour du Gallo.

En vérité Salamanque avait le droit d'être fière de sa vieille cathédrale, célèbre par sa carrure robuste, qui lui avait valu son épithète dans le dicton classique qui définit ainsi les plus illustres cathédrales de l'Espagne :

Dives Toletana, sancta Ovetensis
Pulcra Leontina, fortis Salmantina.

« Tolède est riche, sainte est Oviedo, — Léon est belle, et forte Salamanque. »

Les travaux furent commencés vers le premier tiers du XIIe siècle et les voûtes ne furent fermées qu'à l'époque gothique. Mais l'idée de la lanterne centrale, cette fameuse tour du *Gallo*, ainsi appelée à cause du coq, — *gallo*, — qui la surmontait, ne semble pas avoir été conçue par le maître d'œuvre qui a tracé le plan de l'église. Par conséquent il n'y a pas lieu d'y rechercher une influence périgourdine dont l'évêque don Jeronimo aurait été l'inspirateur. D'ailleurs les coupoles de Saint-Front n'étaient pas encore construites, lorsque mourut l'ami du Cid.

Phot. Hauser et Menet.

Intérieur de la cathédrale vieille.

Il n'en est pas moins vrai que ce dôme et ces clochetons couverts d'écailles imbriquées, font tout de suite penser à nos églises de la Saintonge ou du Poitou, telles que l'abbaye de la Couronne, ou Notre-Dame de Poitiers. On a été chercher bien loin les origines de la tour du Gallo : en Sicile, à Byzance. On l'a comparée à la double calotte imaginée par Brunelleschi pour Sainte-Marie-des-fleurs. La vérité semble beaucoup plus simple; et l'architecture française du sud-ouest avait alors en Castille une prépondérance si évidente, que nous ne voyons pas pourquoi l'on irait chercher ailleurs l'inspiration de la tour du Gallo. Celle-ci est d'ailleurs plutôt une ogive très bombée, qu'une coupole proprement dite. Et nous lui trouvons des sœurs dans le Poitou, à Saint-Amant de Boix, à Nouaillé, près Poitiers, au Dorat, près Limoges, etc.

Quoi qu'il en soit, la structure de l'église a été modifiée au cours de la construction. Et cela se voit, notamment aux piliers qui n'étaient pas destinés à recevoir des arcs diagonaux ; de sorte que ceux-ci s'appuient sur des statues qui dissimulent les défauts d'appui. Le type de ces grandes statues, analogues à celles que nous retrouvons au Mans, achève de rattacher cette cathédrale vieille aux églises gothiques du sud-ouest.

Trois absides en hémicycles terminent les trois nefs. Malheureusement le côté nord du transept, qui était très saillant, a été supprimé en majeure partie, lorsque l'on a construit la nouvelle cathédrale. C'est à ce moment-là, c'est-à-dire au XVIIe siècle, que l'on jetait à bas, perte plus regrettable encore, les deux belles tours de la façade, et que l'on substituait à l'antique porte principale, une fastidieuse ordonnance de pilastres doriques et corynthiens.

Phot. Gonzalez.

Tombeau du chantre Aparicio à la cathédrale.

Le cloître avait été construit en 1178.

Dès le XIIIe siècle, l'église et le cloître aux curieux chapiteaux abritaient les tombes de plusieurs grands personnages, tels que l'infante Mafalda, fille du roi de Castille (1204), de Fernando Alfonso, archidoyen de Salamanque, fils naturel d'Alphonse IX, roi de Léon (1279) dont une triple ligne de figures orne le sarcophage, et, dans le bras sud du transept, don Diego Lopez, archidoyen de Ledesma, Alonso Vidal, doyen d'Avila, et doña Elena (1272) qui dort dans son enfeu, la figure encadrée, comme une moniale, de sa jolie coiffe archaïque. La tombe du chantre Aparicio est peut-être la plus remarquable de toutes. L'*Adoration des mages* et la *Présentation au temple* sont sculptées sur le sarcophage ; la scène du calvaire orne le fond de la niche, qu'une ligne d'anges, battant des ailes, encadre sur l'archivolte. A droite et à gauche, de petits bonshommes assis à leur pupitre en face d'un antiphonaire, commémorent la dignité du gisant. Et, au-dessus de l'enfeu, une curieuse corniche, aux alvéoles en nids d'abeilles, témoignent de l'intervention de mains mudéjares.

Au XIVe siècle, les tombes d'évêques et de prébendés continuent à venir s'aligner le long des murs de la cathédrale. Parmi ces prélats se trouvent des docteurs dignitaires de l'Université déjà célèbre. En effet, au XIIIe siècle, Alphonse IX avait créé celle-ci à l'imitation de celle qu'Alphonse VIII de Castille venait de fonder à Palencia. Et, dès 1255, le Pape la proclamait une des quatre lumières du monde.

Une rue étroite séparait seule les écoles de la cathédrale, qui devint ainsi, en quelque sorte, le prolongement de l'Université. Certaines cérémonies solennelles se célébraient sous sa nef. Le tribunal académique pour les examens de licence siégea dans la chapelle Santa Barbara, une annexe du cloître, fondée par l'évêque Juan Lucero, qui y fut enseveli en 1359. Tandis que sa voisine, la chapelle de Santa Catalina était réservée aux conciles provinciaux.

Phot. Hauser et Menet.

Retable de la cathédrale vieille et fresque du Jugement dernier.

Un centre d'études devient fatalement un foyer artistique. Et Salamanque en fournit une preuve. Aux sculpteurs qui étaient chargés de décorer la cathédrale vieille, était venue se joindre une équipe de peintres. Ils travaillaient dans une des chapelles du cloître, la chapelle San Bartholomé, qui devint la chapelle de Anaya, lorsque ce prélat, don Diego de Anaya, ancien évêque de Salamanque, puis de Séville, en fit une chapelle funéraire, dont sa tombe, entourée d'une admirable grille, occupe le centre, tandis que les enfeus appartiennent à sa famille.

Au XVe siècle, un peintre italien, Nicolas Florentino, qui serait peut-être le mystérieux Dello de Nicola, venait se fixer à Salamanque, et le 15 décembre 1445, il passait un traité avec le chapitre pour couvrir de fresques les murailles de la cathédrale. A ce moment, l'énorme retable concave, dont les cinquante-trois compartiments décorent le fond de l'abside, était déjà achevé. Faut-il attribuer tous les tableaux dont il se compose au même peintre ? Il est certain qu'ils semblent bien, tout au moins la plupart d'entre eux, de provenance italienne. Nous disons la plupart ; car il est facile de s'apercevoir que des mains différentes ont collaboré à cet ensemble considérable. Et les deux panneaux qui sont au centre de la prédelle, la *Piedad*, le *portement de Croix*, sembleraient plutôt d'une main flamande que d'une main italienne, à moins qu'elles ne proviennent de l'école de Gallego. Dans tous les cas, il est indiscutable qu'un pareil ensemble représente l'effort de plusieurs artistes.

Phot. Hauser et Menet.

Triptyque du martyre de sainte Catherine, par Fernand Gallego.

Et nous savons d'ailleurs par les documents que Nicolas le Florentin avait des apprentis sous ses ordres. Le grand *Jugement dernier*, si mouvementé, d'une composition si personnelle, est son œuvre. Les parois du chœur et la voûte en berceau qui le recouvrait offrent encore des traces de peintures qui ont presque complètement disparu.

On voit que, dès le milieu du XVe siècle, l'atelier de peintres que dirigeait, à la cathédrale, Nicolas le Florentin avait beaucoup d'importance et d'activité. Il faudrait donc s'attendre à voir l'enseignement de ces italiens faire naître des vocations et donner naissance à une école locale. Il y en eut bien une, en effet. Pourtant il est assez curieux de constater que celui qui est considéré comme le chef de cette école, Fernando Gallego, manifeste plutôt des tendances flamandes que des tendances italiennes. Seule une certaine douceur dans les physionomies révélerait un contact avec les italiens. Mais le goût des tonalités chaudes, des vermillons assourdis, des orfrois somptueux, les lignes cassées des draperies, toute la composition enfin sont d'un imitateur des flamands. Et la chose n'a rien d'étonnant, si l'on réfléchit que la Castille était alors en perpétuel contact avec les Flandres, et qu'il y avait certainement à Salamanque des peintres flamands travaillant côte à côte avec leurs confrères italiens. Le talent de Gallego était peut-être formé déjà quand le Florentin est venu travailler à Salamanque. Enfin il faut tenir compte du tempérament espagnol, qui, par son goût du réalisme et des chaudes tonalités,

Phot. L. Magne.

Tombeau de l'évêque Dego de Anaya (chapelle San Bartolomé.)

des ors, des rouges, des orangés, a toujours été plus volontiers d'instinct vers l'art flamand que vers le style et l'élégance italiennes. Avant tout, Gallego est un espagnol qui aime les beaux costumes, les martyres sanglants et ces culs-de-jatte, malingreux et estropiés de toutes sortes qui seront les délices de Ribera, de Velasquez et de Murillo.

Il ne reste de Fernando Gallego, à Salamanque, qu'un triptyque placé dans la chapelle Saint-Antoine de Padoue, de la cathédrale neuve : *la Vierge entre saint Christophe et saint André*, et un autre triptyque, qui se trouve dans la chapelle Sainte-Catherine, de la cathédrale vieille, et qui représente le *martyre de sainte Catherine*. Il est assez difficile de se former une idée de ce peintre d'après ces deux œuvres, dont l'une est défigurée par les repeints, et dont l'autre est en assez mauvais état, et, de plus, douteuse. On s'en ferait une opinion plus équitable en allant admirer à Zamora le fameux retable de Saint-Ildephonse. L'influence de Gallego fut considérable. Nous en retrouvons des traces, non seulement dans les environs de Salamanque, et dans les deux Castilles, mais jusqu'aux confins du Portugal.

Nous avons vu qu'aux XIVe et XVe siècles, plusieurs chapelles avaient été annexées par de riches fondateurs, au cloître de la cathédrale — celles de Santa Barbara, de Santa Catalina, et de San Bartolomé. Sur ce cloître s'ouvrait également une salle capitulaire. Enfin la liturgie mozarabe s'étant perpétuée jusqu'à nos jours, comme à Tolède, s'est réfugiée depuis 1510, dans la chapelle de Talavera, fondation des Maldonado, où il faut remarquer la singulière voûte, de caractère arabe, dont l'octogone est racheté par de petites voûtes triangulaires.

La fin du XVe siècle marque la décadence de la cathédrale vieille. Nul ne songe plus à enrichir son cloître de fondations nouvelles.

Toutes les activités sont absorbées par cette cathédrale neuve qui allait sortir de terre parée de la décoration fleurie de la Renaissance, comme sa voisine l'Université, qui, comblée des faveurs des rois catholiques, avait abattu ses vieilles salles de cours, sans doute trop modestes, pour réédifier un monument mieux en harmonie avec sa prospérité croissante, et le goût renouvelé par l'étude des anciens qui commençait à poindre, de sorte que, cathédrale neuve et Université forment l'ensemble le plus magnifique, le plus complet, que nous ait légué la Renaissance espagnole.

IV. — L'UNIVERSITÉ

Et lorsqu'on se trouve sur la petite place, aujourd'hui silencieuse, jadis si pleine de tumulte joyeux, ayant, en face de soi, la façade rose des écoles majeures, ornée et guillochée, comme un immense retable, et ayant à sa droite les écoles mineures actuellement Institut provincial, avec ses deux portails plateresques dont l'un conduit aux archives, l'autre à l'*hospital del Estudio*, il est difficile de ne pas évoquer le temps où les étudiants se pressaient ici en groupes bruyants et pittoresques. Rien ne vient contrarier l'harmonie de l'ensemble. On pourrait croire que les étudiants sont actuellement dans leurs salles de cours ou chez les maîtres de pension qui les logent, et que nous allons les voir apparaître, revêtus de la soutane brune, coiffés du bonnet carré, avec leur portefeuille et leur écritoire.

Phot. Hauser et Menet.

Façade de l'Université.

Voici les andalous pétulants, les castillans aux nobles façons, les galiciens rustiques et un peu lourds. Il y a parmi ces jeunes gens de bien pauvres diables, dont la soutane est usée comme la peau d'une mule galeuse. Ce sont les étudiants picaresques, dont Pablos de Ségovie nous a conservé le type amusant. D'autres sont de grands seigneurs, qui mènent grand train.

Quand arriva, par exemple, le jeune don Gaspar de Guzman, plus tard comte-duc d'Olivares, il avait toute une suite, comportant un précepteur, huit pages, trois valets de chambre, quatre laquais, un chef de cuisine, et les valets d'écurie.

Un tel luxe devait suggérer des rêves bien amers au pauvre diable, à cet étudiant famélique, auquel les maîtres de pension patentés par l'Université, les « bacheliers de pupille », imposaient un tel régime, qu'il se mettait du plomb aux jambes, nous raconte-t-on, de peur que le vent ne l'enlevât :

Me pongo en las piernas plomo,
Porque no me lleve el aire.

Ce qui adoucissait un peu l'amertume de ses rêves, c'est que ce pauvre étudiant espérait bien que ces compagnons, dont le luxe faisait ressortir cruellement sa détresse présente, seraient pour lui des protecteurs futurs. Et, la plupart du temps, il ne se trompait pas. Les plus hautes charges de l'Etat étaient occupées par d'anciens écoliers de Salamanque. Et leur appui allait de préférence à leurs anciens condisciples ; de même que la cité, où ils avaient passé le meilleur de leur jeunesse, recevait de leur munificence des générosités et une parure que nous admirons encore aujourd'hui.

Au temps de la grande prospérité de cette Université, vers le milieu du XVe siècle, une grande activité intellectuelle se manifestait parmi cette jeunesse studieuse, un immense désir de rajeunir l'esthétique et les méthodes intellectuelles. On rêvait de l'Italie, centre du monde chrétien et terre illustrée par ces maîtres de l'antiquité païenne, auxquels tous les esprits du monde latin allaient demander une nouvelle orthodoxie du goût et qu'ils considéraient déjà comme les vrais maîtres du savoir universel.

Un des ouvriers les plus ardents de la Renaissance espagnole fut un professeur de Salamanque, cet Antonio de Nebrija, médecin, linguiste, lexicographe et grammairien, sorte de Pic de la Mirandole qui aurait pu, lui aussi, traiter *De omni re scibili.* Après cinq ans d'études à Salamanque, il partit pour l'Italie, « non pas, nous dit-il, pour y gagner des rentes ecclésiastiques, ou pour en rapporter les formules de l'un ou l'autre droit, mais pour en ramener dans sa terre natale ces nobles exilés : les grands maîtres de l'antiquité classique ».

Il y travaillera dix ans, de 1452 à 1462. Et quand il revint « de même, dit-il encore, que Pierre et Paul, princes des Apôtres, allaient combattre la religion des gentils, non pas dans les bourgs et dans les campagnes, mais dans Athènes, dans Antioche et dans Rome, c'est dans la capitale intellectuelle de l'Espagne, à Salamanque, qu'il voulut faire triompher sa doctrine et déraciner la barbarie ».

A côté d'Antonio de Nebrija, enseignaient à Salamanque, des latinistes et des hellénistes tels que Francisco Sanchez, *el Brocense*, Hernan Nuñez, le « commandeur grec », ou le portugais Arias Barbosa, tous férus de la discipline antique.

De cette activité intellectuelle devaient naître, non seulement de nouvelles méthodes philosophiques et littéraires ; mais aussi un art et une architecture renouvelés. Toutefois, au temps des rois catholiques, la décoration italienne se déploie encore discrètement sur les façades des monuments ; les architectes allemands et flamands avaient apporté du nord un dialecte somptueux et flamboyant, dernière manifestation du gothique, qui contrebalança longtemps l'influence de l'Italie. Celle-ci cependant finit par triompher complètement. Mais il est une tendance que cet art espagnol de la Renaissance nous montre à tous les moments de son évolution, c'est celle qui consiste à réduire les motifs de la décoration, à les répéter, à les multiplier, de façon à recouvrir les surfaces d'une véritable dentelle de pierre d'une richesse égale à celle des stucages dont les architectes arabes couvraient leurs monuments. De cette rencontre de l'Orient avec l'Italie, naît ce style dit plateresque, ou des orfèvres, parce qu'il semble reproduire dans la pierre les merveilles de délicatesse que les grands orfèvres d'alors obtenaient lorsqu'ils créaient leurs *custodias* monumentales et autres chefs-d'œuvre d'argent.

Phot. Gombau.

Portail des écoles mineures.

Salamanque nous montrera une abondance telle de chefs-d'œuvre de cette période, que cette visite suffirait presque pour étudier l'évolution de l'art espagnol au temps de la Renaissance. Et nous pourrions déjà sur cette seule place des écoles, nous en faire une idée à peu près exacte.

A partir de 1415, l'Université avait commencé à se reconstruire sur un nouveau plan dû à l'architecte Alonso Rodriguez Carpintero. Des antiques bâtiments fondés par Alphonse IX, il ne reste rien. L'écusson du pape Luna (Benoît XIII) sur la porte qui ouvre sur la cathédrale semble la partie la plus ancienne qui nous ait été conservée. En somme, le monument actuel est presque entièrement du temps des rois catholiques et de Charles-Quint.

Et il n'est pas besoin d'être archéologue très expert, pour s'apercevoir que si les portails des écoles mineures présentent encore quelques réminiscences de l'époque gothique, en revanche sur la façade des écoles majeures, distribuée en compartiments rectangulaires, par des pilastres à arabesques, l'art italien triomphe d'une façon presque absolue. Bien que les médaillons des rois catholiques, avec une légende grecque en exergue, ornent un de ces compartiments, en réalité, cette sorte de grand retable compliqué nous représente ce qu'était devenu l'art au temps de Charles-Quint. Les écussons des rois, au centre de toutes ces façades, achèvent de donner aux monuments la grande allure qu'ils méritent par leur importance historique.

Phot. de l'Auteur.

Portail de l'Institut.

La statue de Fray Luis de Léon (1528-1591), érigée au milieu de la place, en 1869, perpétue le souvenir d'un des plus glorieux professeurs de Salamanque. C'est lui qui, enfermé par l'Inquisition pour certaines hardiesses dans l'interprétation de la Bible, resta cinq ans en prison, y écrivit un chef-d'œuvre : *Los Nombres de Cristo*, et, lorsqu'il en sortit, reprit son cours interrompu par la phrase fameuse : « Nous disions donc hier, *Deciamos ayer*. »

Franchissons le seuil des écoles majeures, nous retrouverons la salle où le célèbre professeur a prononcé cette parole ; la chaire du maître a été conservée. Et les bancs des écoliers, les pupitres, tout déchiquetés par ces travaux de sculpture et de menuiserie dont les étudiants de tous les siècles ont toujours eu la passion, nous rappellent ces temps glorieux où Salamanque était encore une des quatre lumières du monde.

En vérité, cet *auditoire* qui a entendu la grande parole de Fray Luis a vu aussi des scènes moins édifiantes. Tous les professeurs n'avaient pas sur leurs élèves la même autorité, et l'attitude des jeunes gens n'était pas toujours respectueuse. Ils se sont livrés ici à maints tumultes mémorables. Et le professeur, il faut bien l'avouer, ne gardait pas toujours la dignité qui convenait à ses fonctions. Tel ce Diego de Torrès qui ne trouvait rien de mieux pour dompter un élève indiscipliné que de lui jeter à la tête un énorme compas de bronze, au risque de le tuer, comme il nous l'apprend lui-même [1].

Phot. Hauser et Menet.

Patio de l'Institut.

Les écoliers cependant ne pouvaient pas trop se plaindre de leurs professeurs. Car ceux-ci étaient élus par les élèves eux-mêmes ; tandis que le recteur était élu chaque année, à la Saint-Martin, par les maîtres et les étudiants réunis. Ces élections étaient, on doit le supposer, l'occasion de scènes violentes. De sorte que les rois et les papes eux-mêmes eurent souvent à s'en mêler. L'Université dut beaucoup à Pedro de Luna, qui y vint en 1380, comme cardinal légat d'Avignon, et qui, une fois pape sous le nom de Benoît XIII, donna à l'Université une constitution nouvelle et bien méditée [2].

En évoquant ces épisodes glorieux ou pittoresques, il semble que ces salles et ces patios se peuplent de nouveau de leurs hôtes disparus. On

1. *Vida, Ascendencia, Crianza... del Doctor D. de Torrès*, p. 84.

2. Nous avons mis à contribution pour écrire ce chapitre, outre les ouvrages espagnols cités à la bibliographie, l'intéressante étude de M. Gustave Reynier : *La vie universitaire dans l'ancienne Espagne*, un vol. in-12, (Paris, Alph. Picard, et Toulouse, Ed Privat) 1902. A ceux qui désireraient plus de détails sur l'organisation universitaire, nous signalons cet excellent ouvrage.

revoit tous ces étudiants de la vieille Université, dans leur manteau brun, sur lequel se drapait la *beca*, pièce de drap longue de trois aunes, qui enveloppait les deux épaules et retombait par derrière jusqu'aux talons. Selon qu'ils appartenaient à tel ou tel collège, ils portaient une *beca* et un manteau de telle ou telle couleur — brune, les boursiers de San Bartolomé, bleue ceux d'Oviedo, écarlate ceux de l'Archevêque, et violet le manteau de Cuenca. Et ces diverses couleurs valaient à ceux qui les arboraient des sobriquets burlesques. Les étudiants des ordres religieux n'étaient pas eux-mêmes épargnés.

Phot. Hauser et Menet.

Escalier de l'Université.

Les dominicains étaient des hirondelles *(golondrinos)*, les franciscains, des moineaux *(pardales)*, les étudiants de la Merci, des cigognes *(cigüenos)*, les bernardins, des grues *(grülles)*, les hiéronymites, des grives *(tordos)* ; ceux du collège de San Pelayo, des verdiers (*verderones*), etc. De sorte qu'un proverbe disait qu'à Salamanque nichaient toutes sortes d'oiseaux. Et même, parfois, d'assez vilains oiseaux ; — nous voulons parler de ces gens qui n'avaient d'étudiants que le nom, *gorrones* ou *chevaliers de la Tuna*, et qui, selon l'expression de Cervantès, semblaient venir à Salamanque moins pour « apprendre les lois que pour les enfreindre ».

A tous, l'Université était chère — peut-être plus encore à ces derniers qu'à tous les autres. Car c'était moins pour eux un lieu de travail qu'un asile où ils étaient soignés gratuitement, échappaient à l'autorité séculière, et pouvaient braver les alguazils.

On voudrait, pour que cette évocation soit fidèle, retrouver le *paraninfe*, (salle des examens), et surtout la chapelle, conservés aussi pieusement que l'auditoire de Fray Luis de Léon. Fernand Gallego y avait peint des compositions qui, enchâssées d'argent filigrané, devaient former un retable de la plus grande richesse. La voûte était peinte d'azur et d'or représentant les figures astronomiques. Tout cela a été détruit lors des restaurations qui eurent lieu au XVIIIe siècle. Seules les statues sculptées pour le retable (en 1504) par Philippe Vigarny, dit le Bourguignon, peintes et dorées par Jean d'Ypres *(Saint Augustin, Saint Jérôme, Sainte Barbe, L'Immaculée Conception et Saint Grégoire)* ont été conservées sous les portiques du *patio*. Les restaurations ont épargné également la bibliothèque et le très curieux escalier, où l'on voit courir sur la rampe une course de taureaux au temps de Charles-Quint.

Phot. de l'Auteur.

Chapelle San Sebastian (ancien collège San Bartolomé).

Quant aux écoles mineures, nous retrouvons encore leur joli et calme patio, avec son portique, dont les arcades, dessinant des courbes et des contre-courbes, nous montrent des formes que le Portugal emploiera couramment dans son art manuélin.

Les cours terminés, les étudiants, s'ils étaient logés en ville, regagnaient, pour la plupart, leur chambre misérable. En revanche, s'ils avaient la chance d'être boursiers, ils rentraient dans leurs collèges. Il y en avait pour les riches et pour les pauvres. Les étudiants de noble origine avaient les quatre grands collèges majeurs: *San Bartolomé, Cuenca, Oviedo* et *de l'Archevêque;* ou encore ils faisaient partie des collèges des quatre grands ordres militaires : *Saint-Jean, Santiago, Alcantara, Calatrava.* C'était l'aristocratie du monde universitaire. Ceux qui n'avaient pas d'autre fortune que leurs protections étaient hospitalisés dans une de ces nombreuses fondations pieuses, dites collèges mineurs — et qui étaient, en effet, mineurs en rentes, en prestige et en profits.

Nous allons passer en revue, rapidement, ces différentes institutions. Les monuments parvenus jusqu'à nous sont généralement du XVIe siècle, quelques-uns, même, ont été refaits à une époque postérieure. Mais l'Université formait une ville dans la ville. Et pour avoir une vue plus juste de l'ensemble, il nous paraît nécessaire de ne pas disperser cette étude, en décrivant chacun de ces collèges à sa place chronologique.

Des quatre grands collèges majeurs, deux, Cuenca et Oviedo, qui avaient été fondés au XVIe siècle, ont complètement disparu.

Phot. Hauser et Menet.

Portail du collège de l'Archevêque.

En revanche, nous retrouvons encore, mais défiguré en 1760, l'ancien collège de *San Bartolomé*. C'était le plus riche et le plus illustre. Un proverbe disait que « le monde était plein de Bartoloméens », *Todo el mundo estaba lleno de Bartolomicos*. On faisait ainsi allusion, non au nombre des étudiants, mais à l'importance des fonctions qu'ils occupaient dans l'Empire. Que de chanceliers, de gouverneurs, de généraux, de Grands Inquisiteurs et de vice-rois étaient sortis de ce collège ! Celui-ci avait été fondé vers 1401, par l'évêque don Diego de Anaya, dont nous avons vu la magnifique tombe à la cathédrale. Il s'était inspiré pour sa constitution de celle qui avait été édictée, par le fameux cardinal Albornoz, pour son collège des Espagnols, qui est encore une des gloires de Bologne. Diego de Anaya avait donc institué quinze *becas*, et deux chapellenies pour des personnes « de sang pur et bien pensantes » — *de buena opinion y limpia sangre*, — pourvu qu'elles ne fussent pas de la cité, ni de cinq lieues alentour, et n'eussent pas de quoi s'entretenir. Le savant Tostado, dont la tombe est le plus magnifique ornement de la cathédrale d'Avila, et saint Jean de Sahagun, l'apôtre de Salamanque, sont les plus pures gloires de ce collège. La chapelle — jadis de San Esteban, aujourd'hui de San Sebastian — est un monument churrigueresque à coupole, sans grand caractère.

Le seul de ces collèges majeurs qui soit parvenu jusqu'à nous, en conservant ses monuments à peu près intacts et sa destination universitaire, est le collège de l'Archevêque. Il dresse à l'ouest de la ville sa façade de style classique, encadrée de deux ordres ioniques superposés et ayant, comme fronton. un médaillon (*Saint Jacques vainqueur des Maures*) soutenu par des anges. Cette façade eut pour architecte Alonso de Covarrubias. Ce collège avait été fondé, en 1521, par l'archevêque Alfonso de Fonseca, fils de l'illustre patriarche du même nom. Ajoutons que l'archevêque fondateur avait, en outre, libéré d'impôts Salamanque. En mémoire de quoi on offrait chaque année en son honneur des processions et... des courses de taureaux. Nous retrouvons encore aujourd'hui l'élégant patio dans le style de la Renaissance italienne, au portique à double étage, œuvre de Pedro de Ibarra, ainsi que la vaste chapelle gothique du même architecte, dont Berruguete s'était engagé, par acte du 3 novembre 1529, à exécuter de sa propre main toute l'œuvre du retable, architecture, peinture et sculpture. A vrai dire, la peinture a beaucoup noirci. Peut-être est-ce pour cette raison que la partie sculpturale nous semble bien supérieure. Le tout est d'influence italienne.

Phot. de l'Auteur.

Patio du collège de l'Archevêque.

Un séminaire de nobles Irlandais, Saint-Patrice, fondé par Philippe II occupe aujourd'hui ce collège. Les jeunes gens qui venaient s'instruire ici étaient les futurs martyrs de la prédication évangélique en Irlande. Et ces grands garçons roux, au teint blanc, émerveillaient les Espagnols par le soin qu'ils prenaient de leur toilette, et parce qu'ils avaient l'habitude de se laver, hiver comme été.

Les grands collèges des ordres militaires ont eu encore plus à souffrir du temps que les collèges majeurs. Ceux de Santiago ou du Roi, fondé par Charles-Quint, de Saint-Jean (1534) et d'Alcantara (1552) ont été détruits par les différents sièges que Salamanque eut à souffrir. Le collège de *Calatrava* (1552), malheureusement bien restauré au XVIIIe siècle, montre encore der-

Phot. Gomban.

Collège de la Calatrava.

rière San Esteban sa majestueuse façade, flanquée de deux ailes où les ornements churrigueresques viennent se mêler d'une façon assez incohérente aux calmes ordonnances de la renaissance classique. Ce collège est aujourd'hui devenu une école d'enfants.

Quant aux nombreux collèges mineurs, *Monte Olivete, San Lazaro, La Magdalena, Pan y Carbon,* ainsi nommé à cause des rentes que les boursiers touchaient sur l'impôt du pain et du charbon, *San Pelayo,* etc., c'étaient des bâtiments plus modestes, dont pas un n'a laissé de restes vraiment intéressants. Beaucoup de ces fondations (*Monte Olivete, Santo Tomas, San Ildefonso*) se trouvaient, ainsi que Calatrava, près de l'église Saint-Thomas de Cantorbéry, et donnaient une physionomie bien spéciale à ce quartier.

A ce monde d'étudiants, riches ou pauvres, il faut joindre ceux qui vivaient à l'ombre des cloîtres et des collèges ecclésiastiques, les Hiéronymites, les Carmélites, les Minimes, les Franciscains, les Prémontrés de Santa Susana, les Dominicains de San Esteban, les Bénédictins de San Vicente. Il n'y a guère aujourd'hui, qu'à Rome, où les étudiants de la Propagande, avec les couleurs variées de leurs soutanes, puissent donner une idée approximative, encore que bien affaiblie, de l'effet que devait produire ce monde pittoresque, qui parlait le langage des truands dans la ville, et le latin dans les patios des collèges, faisait vivre quatre-vingt-quatre librairies, cinquante-deux imprimeries, et occupait trois mille six cents personnes.

V. — LA CITÉ DE SALAMANQUE AU XVe SIÈCLE

On peut croire que cette jeunesse était assez tumultueuse, et Salamanque devait être une ville bruyante. Mais il n'est que juste d'ajouter que le reste de la population, nobles et bourgeois, ne donnait pas aux étudiants l'exemple du calme, ni de l'esprit pacifique. Toute l'histoire de Salamanque est pleine de leurs conflits. Pour être plus sûrs de n'être jamais en paix, ils s'étaient divisés, comme presque toutes les villes d'Espagne, en deux bans ou factions, le ban de Santo Tomé, ayant pour chefs les Tejada, qui arboraient la bannière rouge, et le ban de San Benito, arborant la bannière blanche des Maldonado. Les étudiants devaient jurer de ne faire partie d'aucun ban. Mais on peut croire que les jours de conflits, ils n'abandonnaient pas leur part de tumulte. Ils tapaient impartialement sur les bourgeois de l'un et de l'autre ban. Et la paix n'y gagnait rien.

Une histoire d'un caractère dramatique et bien espagnol, sans doute brodée et embellie par la tradition, vint exacerber ces haines. Ces anecdotes sont précieuses; car elles nous donnent, d'une façon vivante, la physionomie d'une cité à travers les âges. Donc, un descendant de Ferdinand III, don Henri Enriquez, regidor de Salamanque, avait laissé deux fils, Pedro et Luiz, ayant, l'un dix-huit ans, l'autre dix-neuf. Sa veuve, Marie de Monroy, était une femme pacifique, nous allions dire une pacifiste, qui faisait tous ses efforts pour réconcilier San Benito avec Santo Tomé. Or les Monroy étaient de ce dernier ban, les Manzano du ban rival. Elle avait deux filles, et ses fils étaient liés d'amitié avec deux frères de la famille des Manzano. Et elle entrevoyait un mariage qui mettrait fin aux discordes. Or, un jour qu'ils jouaient ensemble, les Manzano se disputent avec Pedro Enriquez et le tuent. Puis, craignant des représailles, les deux meurtriers invitent Luiz à jouer avec eux, et, traitreusement, le tuent également. Puis ils gagnent le Portugal.

8

Lorsqu'on lui apporta les cadavres de ses fils, la mère ne versa pas une larme. Mais elle feignit de craindre un nouvel attentat, réunit vingt hommes bien armés, et partit, le soir même, sous prétexte de se rendre à un domaine qu'elle possédait à Villalba. Mais lorsque les murs de Salamanque eurent disparu à l'horizon, elle arrêta ses hommes et leur déclara qu'elle tirerait vengeance du meurtre de ses fils : « Rien n'est plus fort qu'un cœur d'homme, ajouta-t-elle ; quand ce cœur veut, tout est à lui. Je vais prendre des habits d'homme. Je serai votre chef, et, dans le danger, je marcherai la première. » La petite troupe pénètre en Portugal. On surprend les Manzano dans la forteresse où ils se sont réfugiés. Et Marie de Monroy revient vers Salamanque portant à la main les têtes coupées des deux traîtres, qu'elle déposera sur la tombe de ses fils, dans l'église où ils ont été ensevelis.

Phot. de l'Auteur.

Maison de Maria la Brava.

Le peuple espagnol aime les héros, et le nom de Marie de Monroy, Maria la Brava, est resté populaire. Les poètes ont chanté ses exploits :

No llora la gran matrona
Al ver sus pechos abiertos ;
Que, en no llorar hijos muertos,
Quiere ser mas que leona...

« La grande matrone ne pleure pas, — en voyant leur poitrine ouverte ; — en ne pleurant pas ses fils morts — elle veut être plus qu'une lionne. »

Sur une des places de Salamanque — la place Santo Tomé, qui, jusqu'au XVIIIe siècle, était la *plaza Mayor,* — on montre la prétendue *maison de Maria la Brava* dont le portail encadré de boules indique une architecture de quelques années postérieure à l'événement. Mais il fallait bien — n'est-ce pas ? —

montrer aux étrangers une maison de Maria la Brava. Nous sommes bien d'ailleurs ici sur le territoire des Tejada.

Leurs ennemis, les Maldonado, dorment dans la petite église de *San Benito,* qu'ils ont fondée à la fin du XVe siècle, dans une rue étroite et silencieuse, où l'on voit encore deux maisons de la même famille et, à quelques années près, de la même époque. Ce qui frappe dans ces maisons des débuts de la Renaissance à Salamanque, c'est qu'elles sont moins massives, mieux ornées que celles des autres villes de Castille, que celles, notamment, d'Avila. Pourtant à cette époque, les palais devaient être de vraies forteresses, défendues par une tour redoutable. Ces tours ont été abattues, lorsque les mœurs se sont apaisées. Déjà, au XVe siècle, Henri IV, qui résidait à Salamanque, en 1465, tandis que l'on brûlait son effigie à Avila, avait consenti à faire abattre l'Alcazar, que le peuple se représentait comme plein de traîtres, et qui, peut-être, ne le rassurait pas beaucoup lui-même.

Phot. de l'Auteur.

Torre del Clavero.

Deux beaux échantillons nous restent toutefois de ces tours-forteresses, pour évoquer ces temps de luttes sanglantes, c'est l'unique tour qui reste de la *Casa de quattro Torres,* et, surtout, la *torre del Clavero,* édifiée en 1470 par don Francisco de Sotomayor, *Clavero* (porte-clefs) de l'ordre d'Alcantara, et dont la forme octogonale, sur une base carrée, est conçue selon une formule arabe. L'épilogue de ces luttes entre les deux bans ennemis aurait eu lieu à la *maison de las Batallas.* Là, les féroces *bandos* auraient signé la paix en 1478. Cette maison porte, au-dessus de l'arcade, cet hexamètre édifiant, qui aurait fait la joie de M. de la Palisse : « *Ira odium generat, concordia nutrit amorem* ». « La colère engendre la haine, la concorde nourrit l'amour. » De la même époque également l'ancienne *casa del Aguila* ou *de la Cadena,* absolument défigurée aujourd'hui, et convertie en une *posada* sordide. Non loin de là est le fameux *pozo amarillo,* le puits jaune, dont saint Jean de Sahagun tira miraculeusement un enfant, en obligeant l'eau elle-même à monter jusqu'à la margelle pour rendre la petite victime.

La légende est racontée, au coin de la rue, par un bas-relief très naïf. De même qu'il aurait arrêté, un jour, un taureau furieux d'un geste, l'apôtre de Salamanque, miracle encore plus étonnant, parvint, dit-on, à apaiser les haines qui ensanglantaient la cité. De sorte que, lorsqu'il mourut, en 1479,

Phot. Gombau.

Cathédrale neuve.

ses concitoyens purent inscrire sur sa tombe cette phrase émouvante : « *Hic jacet per quem Salmantica non jacet* [1] ».

VI. — LA NOUVELLE CATHÉDRALE

Et la ville étant redevenue sage et dévote, on put unir tous les efforts pour la construction d'une cathédrale nouvelle.

La décision avait été prise pendant le séjour que fit le roi Ferdinand à Salamanque, en 1508. Les architectes choisis étaient Anton de Egas et Alphonse Rodriguez. Ils déposèrent leur projet le 2 mai 1510. La population laïque et le chapitre différaient d'opinion au sujet de l'emplacement du futur

1. Ici gît celui grâce à qui Salamanque n'est pas morte.

édifice. Avant tout, on voulait qu'il fût à proximité de l'Université, et l'on désirait que la vieille cathédrale avec son cloître fussent épargnés. Neuf architectes de grand renom furent appelés en consultation, le 3 septembre 1512, parmi lesquels un des auteurs du projet, Anton de Egas. Les huit autres architectes étaient Juan de Badajoz, maître de Léon, Juan Gil de Hontañon,

Phot. Lacoste.

Intérieur de la cathédrale neuve.

Alonso de Cavarrubias, Juan Tornero, Juan de Alava, Juan de Orozco, Rodrigo de Saravia et Juan Campero. Ils arrêtèrent l'emplacement, fixèrent les proportions et même l'épaisseur des murs. Et ce fut Juan Gil de Hontañon qui reçut la charge de maître de l'œuvre, ayant comme contremaître Juan Campero. Ils choisirent Hontañon à cause de son expérience, de sa science et de son habileté, « *su experiencia, suficiencia y peritud* ».

Et lorsqu'on examine les trois nefs aériennes avec leurs piliers élancés, leurs voûtes à étoiles compliquées, on est obligé de reconnaître que les maîtres illustres avaient bien placé leur confiance. Le plan de l'édifice est un quadrilatère. En effet, après avoir projeté tout d'abord un chevet octogone, on se décida, au cours des travaux, pour un chevet plat. Des chapelles furent logées entre les contreforts. Par une anomalie que nous avons déjà rencontrée à Ségovie, on commença par le portail principal. D'ailleurs Gil de Hontañon ne vit pas l'achèvement de l'édifice. Et plusieurs maîtres de l'œuvre se succédèrent jusqu'à ce que l'église fût terminée, en 1733. La coupole (1705) est d'un architecte de Salamanque qui s'est fait une célébrité éclatante et qui a donné son nom au style rocailleux qui, assagi et épuré, devint notre style Louis XV, nous voulons parler de José Churriguera. Aussi cette cathédrale, sans perdre toutefois son harmonie générale, présente-t-elle certaines parties disparates. Et la coupole par exemple, ainsi que la tour, contrastent par leur style classique *(stylo antiguo)* avec les nefs qui appartiennent au style gothique *(stylo moderno)*. Le caractère essentiel qui fait de la cathédrale de Salamanque un édifice tout à fait à part dans l'histoire de l'architecture, c'est qu'elle représente, avec celle de Ségovie, les dernières manifestations du style gothique en Espagne — et cela, au moment même où l'on construisait l'Escurial.

Phot. Hauser et Menet.

Stalles de la cathédrale neuve.

La beauté du monument réside moins dans la perfection des détails, qui sont généralement d'une exécution assez banale, que dans l'élégance de certaines solutions, dans l'ingéniosité de certains compromis entre l'architecture du moyen âge et celle de la Renaissance. Tels sont les balcons qui circulent autour de la nef et du chevet, en guise de triforium, la galerie inférieure étant de style gothique fleuri, l'autre de style classique.

Parmi les chapelles latérales, il en est une qui attire tout de suite l'attention par une richesse de décoration qui lui a fait donner le nom de *chapelle dorée*. La muraille est toute parsemée de statues abritées par des dais ouvragés. Et parmi ces statues, la Mort apparaît, plus grande que tous ces saints et toutes ces saintes, représentée avec un réalisme que n'eût point désavoué notre Ligier Richier. Un lambris d'*azulejos*[1] complète cette décoration et affirme l'influence persistante du goût *mudéjar*. Le fondateur, l'archidiacre Francisco Sanchez de Palenzuela (mort en 1503), dort dans un enfeu à l'archivolte richement dentelée. Un calvaire dans le goût flamand achève de faire de cette chapelle un résumé de tous les arts qui se disputaient la prédominance au moment où commençait la Renaissance.

Phot. Hauser et Menet.
Chapelle dorée (cathédrale neuve).

D'ailleurs, à partir de la fondation de la cathédrale, chaque siècle y apporta quelque chef-d'œuvre. De précieuses reliques passèrent de la cathédrale vieille à la cathédrale neuve, telles que le *Christ des batailles* et le *Christ du Cid* dont nous avons déjà parlé. La Vierge de la Vega abandonna également son emplacement primitif pour enrichir la cathédrale. Nous avons signalé l'importance artistique du triptyque de Fernand Gallego.

Le XVIe siècle ajoute, à ces trésors, une statue de saint Jean l'Evangéliste et un groupe de *Sainte Anne apprenant à lire à la Vierge*, œuvres que l'on attribue à Juan de Juni, et qui sont, en effet, d'une exécution assez tourmentée pour pouvoir être de ce sculpteur, un *Jardin des Oliviers*, attribué à

1. Carreaux de brique glacée de goût mauresque.

Juan de Juanes qui orne le grand autel, des peintures de Navarrete el Mudo, enfin des tombeaux, tels que la statue gisante du chanoine Fr. Sanchez (1591), dans la quatrième chapelle à droite de la nef. Au XVIIIe siècle, on doit les stalles qui garnissent le chœur, et la *Piedad*, de Salvador Carmona, œuvre magistrale sur laquelle nous aurons l'occasion de revenir ci-après.

Phot. Lacoste.

Piedad de Salvador Carmona (cathédrale neuve).

Mais le plus bel ensemble sculptural, c'est celui qui décore le portail principal et le portail nord de la cathédrale. Nous retrouvons ici ce goût du total revêtement que les Espagnols avaient contracté au contact des Arabes. Malheureusement la tour voisine du portail principal a été, au XVIIIe siècle, à la suite d'un tremblement de terre, enfermée dans un lourd manchon de maçonnerie. Et sa nudité fait contraste avec le reste de la façade. Jusqu'à la galerie qui couronne ce portail, pas le plus petit espace ne reste dépourvu de sculpture. Les tympans, le trumeau, l'intrados des archivoltes, les montants des piédroits, tout est fleuri et guilloché, et une grande arcade cintrée encadre cette sorte d'immense retable dans une fine broderie de pierre fouillée et refouillée. Un double bas-relief représente, au tympan, l'*Adoration des bergers* et l'*Adoration des mages*. Au-dessus de l'archivolte, le *Christ en croix sur*

Phot. Gombau.

Cathédrale neuve, portail principal.

le calvaire forme la partie culminante de cette composition compliquée. Le portail nord — *puerta de Ramos* — nous montre l'*Entrée de Jésus à Jérusalem*, l'ensemble de ces portails évoquant ainsi, en une majestueuse trilogie, la vie du Christ résumée en ces trois scènes capitales : sa naissance, son triomphe, sa mort. L'exécution de ces bas-reliefs n'a pas, sans doute, l'élégance de formes et la perfection du modelé des meilleures œuvres italiennes. Mais la composition en est ingénieuse, d'une sincérité persuasive et donne, en somme, une haute idée de la sculpture espagnole dans le premier quart du XVIe siècle.

VII. — SALAMANQUE AU XVIe SIÈCLE

Non loin de là, la façade magnifique de l'église des Dominicains, *San Esteban* ou *San Domingo*, nous permettra de poursuivre cette étude.

Ici encore une arcade cintrée abrite une sorte de grand retable, dont un *Crucifiement* domine la partie supérieure. La *Lapidation de saint Etienne*, œuvre tardive de Giov. Ant. Ceroni de Milan (1610), occupe la partie centrale. Une élégante frise d'animaux et d'ornements fantastiques sépare les deux compositions. Cette façade est vraiment la sœur du portail de la cathédrale, quoique le décor italien de pilastres à arabesques ait supplanté totalement l'ornementation gothique. Mais c'est le même parti pris dans l'effet général, la même division des masses, enfin la même profusion ornementale.

Quelque riche que paraisse cette église, la grandeur des souvenirs dépasse ici la majesté du décor. Là furent ensevelis don Juan de Portugal, fils du roi don Pedro et de la fameuse Iñès de Castro, et don Lope Fernandez de Paz, défenseur de Rhodes, dont la statue gisante orne la chapelle Saint-Jean ; enfin, tout récemment, la famille du duc d'Albe y a érigé au terrible gouverneur des Flandres un monument digne de son illustre nom, et dont l'architecture gothique fait un assez singulier contraste avec la façon toute moderne dont sont interprétés les accessoires jetés sur le sarcophage : une rose, le manteau du duc, son bâton de commandement, son épée et son chapeau.

Ce couvent évoque encore le souvenir de saint Vincent Ferrier, qui y prêcha, de Jean de Sahagun, de saint Thomas de Villeneuve, qui y eurent leurs tombes. Enfin il donna une hospitalité courageuse à Christophe Colomb, dont on traitait alors les rêves d'insensés. Les religieux le soutinrent dans l'adversité, et l'un d'eux, Fray Diego, devint son ami et son protecteur. Aussi le grand homme marqua-t-il sa reconnaissance en donnant le nom de San Domingo à la première île qu'il découvrit. Voyons donc ce qui reste aujourd'hui du couvent qui vit passer de si grands hommes.

L'ordre de Saint-Dominique s'était établi sur l'emplacement actuel dès le XIIIe siècle. Toutefois le couvent fut complètement reconstruit au XVIe. L'œuvre dura jusqu'en 1610, occupant cinq architectes, neuf peintres, six sculpteurs, vingt-deux tailleurs de pierre et huit cents ouvriers. Juan de Alava et Gil de Hontañon furent chargés de diriger les premiers travaux. En 1516, ils construisaient la chapelle majeure. Le sculpteur Alfonso de Sardina décorait de médaillons les galeries du grand cloître. En 1625, on agrandit le sanctuaire et l'on fit exécuter un magnifique retable par Gregorio Hernandez, tandis que l'architecte Juan Moreno édifiait la salle capitulaire (1626). Un simple religieux, fray Domingo Soto — d'une érudition telle que l'on disait : *Qui scit sotum scit totum* — construisit le somptueux escalier, ainsi que la porterie et le pont. Cette prétention à l'universel savoir donnerait la tentation de pousser plus loin le jeu de mots et de franciser le nom du bon religieux. Mais ce serait une injustice : car ni ce pont, ni cet escalier ne sont l'œuvre d'un sot architecte. En 1651, Alphonse Balbas sculptait les stalles, et Claudio Coello peignait, en 1692, un bon tableau : *la Lapidation de saint Etienne*.

Phot. Hauser et Menet.

Patio du couvent de las Dueñas.

L'église présentait alors un fort beau vaisseau, avec sa large nef à chapelles latérales, son transept, son chœur rectangulaire et la lanterne qui se dresse au-dessus de la croisée. Le malheur voulut qu'un descendant du duc d'Albe eut la fâcheuse inspiration de demander à Churriguera les trois retables compliqués et dorés que nous voyons aujourd'hui. Ce fut un triple malheur qui amena la disparition du retable de Hernandez, coûta, assure-t-on, à l'Espagne, déjà si peu riche en forêts, quatre mille (!) pins[1], et finalement enlaidit l'église. Enfin, en 1705 Antonio Palomino peignait au-dessus de la tribune qui surmonte l'entrée principale une grande « machine », comme disent les peintres, assez froide et déclamatoire, dont on fait cependant un titre de gloire à l'artiste, et qui représente l'*Apothéose de Saint-Etienne.*

Actuellement un musée d'un intérêt médiocre, où il n'y a guère à signaler qu'un *Saint Michel* de Juan de Arfé, occupe une partie du couvent ; le reste appartient toujours aux fils de saint Dominique.

1. Ce chiffre nous semble bien exagéré.

Telle était alors la prospérité de Salamanque que ces deux œuvres capitales, la cathédrale neuve et San Esteban, étaient loin d'absorber toutes les ressources et de suffire à la dévotion des fidèles. Un grand nombre de couvents et d'églises se construisaient encore, dont nous voyons aujourd'hui les jolies façades plateresques, telles que *Sainte-Suzanne*, *Saint-Isidore* — occupé à l'heure actuelle par une imprimerie — ou les *Ursulines*, dont l'église, panthéon des Fonseca, arbore sur son chevet une délicate *cresteria*, *Santa Maria de los Caballeros*, ou la chapelle de l'*hôpital général*. Plusieurs de ces façades, qui ont entre elles une certaine similitude, sont attribuées à Berruguete : on y reconnaît, dans les pilastres et les frises à arabesques, et les têtes faisant saillie dans des médaillons, une volonté évidente de s'inspirer des formules italiennes, et particulièrement de l'architecture milanaise. Telles sont l'*église des religieuses de Jésus*, la chapelle de la maison des *Petits orphelins* (*Bernardas del Jésus*) (1550) fondée par don Francisco de Solis, médecin pontifical et évêque, le couvent de *Santa Maria de las Dueñas*, en face de San Esteban qui renferme un magnifique patio plateresque, malheureusement fermé aux visiteurs.

Phot. Hauser et Menet.

Portail de l'église de Sancti Spiritus.

Nous rangerons encore l'église du *Corpus Cristi* dans la même famille dont le plus brillant spécimen est l'église de *Sancti Spiritus*. Celle-ci est d'ailleurs de fondation très ancienne. Vers 1190, elle fut donnée aux chevaliers de Santiago, avec une maison où ils devaient recueillir les aumônes destinées au rachat des captifs. Puis le couvent des chevaliers devint un monastère de femmes. Et celles-ci, en 1541, entreprirent la restauration, mieux vaudrait dire la reconstruction à peu près totale, de l'édifice. De l'ancienne église, il ne reste guère que les tombeaux de deux grands bienfaiteurs, Doña Maria Menendez, et son mari, don Martin Alphonse, fils d'Alphonse IX de Léon (XIIIe siècle). Il faut signaler aussi un très beau plafond *artesonado mudéjar*, au-dessus du chœur des religieuses. Le retable, assez beau, qui représente en trois registres la vie de Santiago, date de 1659.

Phot. Hauser et Menet.

Casa de las Muertes.

Aujourd'hui cette église est devenue la chapelle d'une prison, et l'on voit, au-dessus d'un autel, une vierge couverte de vêtements de couleurs sombres, sorte de poupée revêtue, comme la plupart des vierges espagnoles, de riches étoffes. Cette madone endeuillée prend une signification émouvante lorsqu'on sait qu'elle est destinée à recevoir les dernières prières des condamnés à mort.

A cette époque (XVIe siècle) toutes ces façades d'églises ne diffèrent pas beaucoup de celles des palais.

Ainsi d'élégants médaillons à l'italienne ornent la jolie maison qui porte le nom sinistre et mystérieux de *casa de los Muertes*. Parmi ces médaillons on reconnaît celui du puissant archevêque Alfonso de Fonseca, dont la tombe est dans l'église voisine des Ursulines. Sans doute cette maison était-elle sa propriété. Les Fonseca possédaient d'ailleurs de nombreux palais à Salamanque. C'est ainsi que l'on retrouve les cinq étoiles de leur blason sur la somptueuse *casa de las Salinas*, construite vers 1538. Intelligemment restaurée — une fois n'est pas coutume — en ces dernières années, pour servir de logement au *Gobierno civil*, ce palais est décoré de médaillons sur la façade, et dans le patio. La galerie du second étage s'appuie sur d'énormes consoles très ouvragées, sur lesquelles se tordent des personnages crispés en des attitudes convulsives d'un art tout à fait michélangesque.

Les cinq lis des Maldonado n'étaient pas moins répandus dans la cité que les cinq étoiles des Fonseca. Outre les maisons que nous avons déjà rencontrées derrière San Benito, et qui datent de la fin du XVe ou du commencement du XVIe siècle, ils possédaient le palais dont on voit encore, en face de la Trinité, le beau portail et les trois

Phot. Lacoste.

Galerie de la Casa de las Salinas.

balcons plateresques, un autre palais renaissance, aujourd'hui transformé en Casino, non loin de la *plazuela de la Libertad,* et surtout la charmante maison des Coquilles — *casa de las Conchas* — la perle des palais de Salamanque (1512). Les armes impériales accompagnent au-dessus du portail les lis des Maldonado. Les coquilles semées sur le nu des murailles, les grilles de fer forgé, qui enferment dans des cages singulières, les fenêtres du premier étage, les allèges et les frontons délicatement sculptés des étages supérieurs, achèvent de faire de cette façade une des plus riches et des plus caractéristiques de toute l'Espagne. Le patio de la maison est également très curieux. Les arcades du rez-de-chaussée se découpent en trois segments d'arcs, dont la courbe centrale est renversée, ce qui donne à cette architecture une apparence un peu manuéline. Enfin l'escalier est couvert d'un plafond en bois peint *mudéjar.*

Nous passerons rapidement sur le *palais du marquis de Almarza*, avec son archivolte décorée de fleurons, en face Saint-Boal, sur celui du *marquis de la Conquista*, avec sa galerie supérieure à balustrade, car ces palais sont si nombreux à Salamanque que cette énumération deviendrait fastidieuse. Une maison porte cette indication : *Casa de Santa Teresa.* Est-ce dans cette maison que sainte Thérèse est descendue à son premier séjour à Salamanque, et où sa compagne avait tellement peur qu'un étudiant ne fût caché, qu'elle empêchait la sainte de dormir ?

Phot. Hauser et Menet.

Maison des Coquilles.

La place du commerce, aujourd'hui si malheureusement défigurée par un marché moderne, avait gardé, il y a quelques années encore, son aspect de la Renaissance. Comme dans les grandes villes de Flandres, à Anvers ou à Bruxelles, on voyait, tout autour de cette place, les maisons des corporations, de l'herbe, de la boucherie, de la pêche, construites en 1590. Elle formait un grand espace irrégulier, où, les jours de fête, on courait le taureau sans, pour cela, interrompre le trafic. Et ces réjouissances se répétaient souvent, car lorsque de nouveaux docteurs étaient promus, on devait offrir des *corridas* à la population. Les candidats victorieux y participaient et prodiguaient à leurs camarades les cadeaux et les friandises. Pour diminuer la dépense, on s'arrangeait de manière à se faire graduer plusieurs le même jour. Mais ce n'était qu'une économie relative ; car il fallait alors multiplier en proportion le nombre des taureaux — dix pour trois docteurs. De sorte que la saignée n'était pas seulement pour les taureaux, et la bourse déjà plate des malheureux étudiants se trouvait, au sortir de cette épreuve, réduite à sa plus simple expression.

La *place Santo Tomé* — ancienne *plaza Mayor* — est également toute garnie de maisons historiques. C'est, on peut le dire, une place du XVIe siècle. Voici le portail du palais où descendit l'infante de Portugal, doña Maria, au moment de ses fiançailles avec Philippe II. Ce palais sert aujourd'hui de couvent aux Carmes déchaussés. Le prince lui-même logea peut-être dans la *maison*, dite de *Maria la Brava*, de l'autre côté de l'église. Enfin le côté opposé de la place est occupé par la sévère façade de l'ancien *palais* — aujourd'hui une

Phot. Hauser et Menet.

Grille en fer forgé d'une fenêtre de la maison des Coquilles.

banque — *des Rodriguez Varillas, comtes de Villagonzalo*. Des fenêtres s'ouvrent dans l'angle de la construction, selon une formule qui était fort à la mode en Espagne à cette époque (maison de Philippe II à Valladolid, palais des Guzmans à Léon).

Le palais le plus important et le plus caractéristique est celui *de Monterey*. Sa physionomie est bien connue, puisqu'il fut reproduit à l'Exposition de 1900, dans la rue des Nations. Son architecture à la fois robuste et élégante, avec les larges tours carrées (*torrejones*) qui soutiennent la masse, les loggias à l'italienne, qui la rendent plus légère, la large *cresteria* [1], qui lui sert de couronnement, son architecture, dis-je, a été imitée bien des fois depuis le XVIe siècle jusqu'à nos jours. Et nous retrouvons jusque parmi les villas de

1. Large crête de pierre sculptée qui couronne certains monuments de la Renaissance en Espagne.

Saint-Sébastien des pastiches du palais de Monterey. Au milieu des génies, des athlètes et des bêtes fantastiques qui courent le long de cette *cresteria*, nous remarquons les écussons des Zuñigas Acevedos, comtes de Monterey, qui l'édifièrent en 1530.

On voudrait évoquer ces puissants personnages, ces vice-rois, ces archevêques, riches de l'or des Indes et des Flandres, ces Maldonado, ces Fonseca, ces Monterey, qui emplissaient Salamanque de leur gloire et la peuplaient d'églises et de palais magnifiques. Si l'on veut se donner cette joie, les revoir dans leurs armures, leurs chapes d'orfrois ou leurs costumes de cour, le cou engoncé dans la golille, la tête couverte du chaperon, du casque ou de la mitre, il faut aller les voir tels qu'ils furent représentés, couchés ou agenouillés, sur leurs tombeaux, dans leurs vêtements d'apparat. Généralement ils dorment dans une église voisine de leur palais. C'est ainsi que les Fonseca ont pour Panthéon l'église des Ursulines. Nous y verrons dans son enfeu gothique le *severissimo* Fonseca, archevêque de Compostelle et patriarche d'Alexandrie, mort en 1512, dont le monument fut érigé par son fils le puissant Alphonse de Fonseca, archevêque de Tolède, qui dort auprès de lui.

Phot. Hauser et Menet.

Patio de la maison des Coquilles.

Nous avons vu les tombes des Maldonado à San Benito et à la chapelle de Talavera, dans le cloître de la cathédrale. Quant aux Monterey, ils sont agenouillés aux côtés de l'autel dans la chapelle des Augustines.

Et nous imaginerons ainsi plus facilement cette société brillante, pleine de savoir, de courage et de morgue, qui se pressait autour de Charles-Quint, lorsqu'il entra à Salamanque, un beau soir de 1534. La plupart des palais et des églises que nous avons énumérés ci-dessus, trop sèchement à notre gré, étaient construits. Et cela faisait un décor magnifique aux fêtes qui furent offertes. Ces fêtes, bals, tournois, jeux de cannes, mascarades, illuminations, courses de taureaux, furent tellement brillantes qu'avec cette dépense, disent les contemporains, « on aurait pu fonder une cité ».

Phot. Gombau.

Palais de Monterey.

Ces prodigalités furent renouvelées à l'occasion du mariage de Philippe II, en 1543. Il y eut alors un tournois auquel cinquante-quatre cavaliers prirent part : ceux du ban de San Benito vêtus de pourpre, ceux de Santo Tomé de blanc et de jaune.

Pour se faire une idée juste de Salamanque, à son apogée, il ne suffit pas d'imaginer les grands dans leurs palais, d'évoquer le quartier bruyant des écoles, avec ses étudiants allant des salles de cours aux boutiques des libraires. Il faut encore imaginer le peuple lui-même, ouvriers et bourgeois.

Les juifs demeuraient aux environs de la porte Saint-Jean. Ils se groupaient autour de Saint-Augustin et occupaient aussi une partie de la paroisse San Millan. Derrière Saint-Thomas de Cantorbéry, il y avait, comme nous l'avons vu, des collèges; au quartier San Roman, des hôpitaux. Des morisques, fabricants de tissus, occupaient les hauteurs de San Cristobal. Un autre groupe de morisques fabriquaient des poteries dans un faubourg avoisinant la porte de Toro. Dans la ville basse, au bord du Tormès, il y avait des tanneries. Et les mauvais garçons trouvaient là d'aimables personnes au visage fardé auprès desquelles ils pouvaient se distraire sans parler latin. L'une d'elles, qui jouissait d'une notoriété toute spéciale, a laissé son nom au rocher Celestina, dont l'ombre hospitalière abrite encore les vagabonds. Car la vie picaresque a persisté à Salamanque, quand les Guzman d'Alfarache et les Lazarille de Tormès avaient disparu, et quand, depuis longtemps, s'était évanouie la splendeur de cette cité pleine de vie, de grands souvenirs et de monuments exquis.

VIII. — XVIIe ET XVIIIe SIÈCLES. — TEMPS MODERNES

L'année 1600 marqua le commencement de la décadence. La cour s'était transportée à Valladolid. Cette ville, qui ressortissait jusqu'alors de Salamanque, eut son évêché. Ce fut une première déchéance. L'expulsion des morisques dépeupla tout un quartier. Enfin, pendant la nuit du 26 janvier 1626, le Tormès déborda, ruinant toute une partie de la ville basse, détruisant huit couvents et cinq cents maisons.

L'Université elle-même déclinait.

Cependant à la fin du XVIe siècle, une église importante se fondait encore, celle des *Augustines Récollettes*, dont le dôme octogone domine toujours la ville de Salamanque. Elle se construisit aux frais du comte de Monterey, vice-roi du Pérou. La fille de ce puissant personnage, doña Catalina, étant entrée dans cette communauté, il fit édifier un monument somptueux pour la recevoir. Les plans furent donc tracés par l'Italien Giovanni Fontana ; et l'église, commencée en 1598, fut terminée en 1636. Elle n'est séparée du palais de Monterey que par la largeur de la rue. Le généreux fondateur étant vice-roi, à Naples, fit l'acquisition de précieuses œuvres d'art dont il fit présent au couvent qui lui était si cher. Et c'est ainsi que les Augustines Récollettes possèdent dans leur église plusieurs tableaux qui seraient l'honneur des plus grands musées: une *Annonciation* de Lanfranc, un *Calvaire* de l'école de Véronèse, et surtout une série de Ribera d'un intérêt exceptionnel. L'*Adoration des bergers* et la *Vierge au Rosaire*, qui ornent les autels des bras du transept, ont été abominablement restaurés. Il n'en est pas de même du *Saint Janvier*, qui monte au ciel au-dessus de sa ville épiscopale. La peinture en est d'une matière admirable, d'une exécution large et franche, d'une belle couleur fauve, surpassée cependant par l'incomparable splendeur de l'*Immaculée Conception* qui décore le grand autel. Par la suavité du type de la Vierge, d'une beauté suprême sans la moindre fadeur, par l'harmonie chaude du coloris, cette toile dépasse de beaucoup les *Assomptions* de Murillo. Le manteau de la Vierge, d'un bleu à la fois riche et sourd, s'enlève en vigueur sur des pourpres orangés qui font songer aux tonalités des grands Vénitiens. L'éclatante beauté d'un caractère si pur de cette Vierge, perpétue celle du modèle, la fille même du peintre, la belle Maria-Rosa, qui se laissa enlever par don Juan d'Autriche, événement qui emplit l'âme de l'artiste d'un chagrin farouche et assombrit ses derniers jours. Peut-être les religieuses ignorent-elles ce détail ? Dans ce cas, souhaitons qu'elles restent dans leur ignorance. Elles seraient capables d'imiter les Augustines déchaussées de Madrid, qui, possédant elles aussi, une *Immaculée Conception* peinte d'après le même modèle, en furent tellement scandalisées qu'elles chargèrent Claudio Cœllo d'en refaire le visage en lui interdisant d'user d'un modèle vivant. On frissonne en pensant que cet acte de vandalisme aurait pu se renouveler sur l'*Immaculée Conception* de Salamanque. La radieuse beauté de ce chef-d'œuvre est telle qu'il ferait presque oublier la *Piedad*, pourtant admirable, du même peintre, qui se trouve en dessus, et les tombeaux des fondateurs, par l'Algarde, qui sont aux côtés de l'autel. Et il y a, paraît-il, encore sept ou huit autres toiles de Ribera, qui sont enfermées dans le couvent, invisibles aux profanes !

Phot. Gombau.

Assomption de Ribera. (Eglise des Augustines.)

La paix qui régnait alors dans les monastères contrastait avec la turbulence croissante des écoliers. Le nombre des *picaros* augmentait chaque jour et les étudiants faisaient de grands progrès dans le maniement de l'épée et dans la science tauromachique. Ils avaient à peu près délaissé les études grecques et latines pour s'adonner à la guitare. Les nuits étaient toutes vibrantes des sérénades qu'ils offraient à leurs belles. Ils étaient, selon le mot de Cervantès, « grands escaladeurs de toute fenêtre où se montre une coiffe [1] ».

Phot. de l'Auteur.

Eglise de la Compagnie de Jésus (séminaire).

Et, comme il était à peu près impossible de dormir la nuit à Salamanque, on se rattrapait pendant la journée. Aussi l'Université s'enlisait-elle dans une ignorance lamentable. Pendant cent cinquante ans, elle chercha un professeur de mathématiques. Elle finit par en trouver un. Et c'était le trop fameux Diego de Torrès, qui était excellent danseur et *torero* émérite, et qui était surtout passé maître à escalader les murs, à dévaliser les marchands, bref un *ruffian* accompli. Une fois il pilla jusqu'à la table préparée pour les

1. *Tia fingida*, si tant est que cet ouvrage soit de Cervantès.

examens dans la chapelle Santa Barbara. Les jours où il n'avait ni à danser ni à boire, ni à voler, ni à prendre part à une *corrida*, il consentait à enseigner à ses élèves — car il avait des élèves — un peu de magie, d'astrologie et de mathématiques.

Dans ces conditions, il était inévitable, il était même désirable qu'une concurrence à l'Université se fondât. Et les Jésuites la fondèrent en effet.

Phot. Lacoste.

Christ flagellé, de Salvador Carmona (séminaire).

En vérité ce ne fut pas sans difficultés ni protestations de la part des collèges et de l'Université. Mais, forts de l'appui de Philippe III et de la reine, qui participèrent à la dépense, les Jésuites finirent par vaincre les résistances. Recteur, docteurs, chapitre, corps municipal, noblesse même en furent pour leurs protestations, et, furieux, virent s'élever une église somptueuse conçue selon la formule inaugurée par Vignole. Toutefois la silhouette de cette église est plus élégante que la plupart de celles qui furent édifiées par la Compagnie. Les deux tours se terminant par des lanternons rappellent vaguement celles de la cathédrale de Tours. Commencée en 1617, d'après le plan de Juan Gomez de la Mora, l'église des Jésuites fut terminée en 1758.

On avait démoli, pour la construire, les maisons de deux rues, et deux églises. Il s'en fallut de peu que l'on ne démolît également la jolie *casa de las Conchas*. Les Jésuites auraient offert autant d'onces d'or qu'elle a de coquilles sur la façade. Par bonheur les propriétaires tinrent bon. Et la maison des Coquilles fut sauvée.

On pense que cette somptueuse *église de la Compagnie* s'enrichit également d'œuvres d'art. La plus intéressante est le *Christ flagellé* de Salvador

Carmona. Nous avons déjà vu de cet artiste une œuvre magnifique, une *Piedad*, à la cathédrale. A la même époque, c'est-à-dire vers le milieu du XVIIIe siècle, Felipe del Corral donnait à *l'église de la Vera Cruz* une *Vierge des Douleurs* d'un beau sentiment pathétique. Dans cette église churrigue-

Phot. Gombau.

Vierge des Douleurs, de Felipe del Corral (église de la Vera Cruz).

resque couverte de dorures, on admire également un beau *Christ ressuscité* et une *Immaculée Conception.*

Toutes ces statues — *pasos* — sont destinées à être portées sur des brancards dans les processions. On a beaucoup trop dédaigné, dans les manuels d'histoire de l'art, ce genre sculptural, qui a donné les chefs-d'œuvre de Gregorio Hernandez, à Valladolid, de Salzillo, à Murcie, de Montañès à Séville.

Et M. Marcel Dieulafoy [1] a parfaitement raison de réhabiliter ces œuvres.

1. *La statuaire polychrome en Espagne.* Paris, 1908.

Si elles ont été tant négligées par la critique, c'est sans doute à cause des oripeaux dont, trop souvent, on les affublait, et aussi à cause du préjugé tout moderne contre la sculpture colorée. Mais ces statues le plus souvent sont pathétiques, émouvantes, d'une piété un peu bruyante, mais convaincue ; elles expriment admirablement l'âme ardente de l'Espagne. Elles procèdent du tempérament vibrant et réaliste auquel on doit les chefs-d'œuvre de Ribera, d'Alonso Cano et de Velasquez.

Même au XVIIIe siècle, on le voit, malgré sa décadence, au milieu des pires

Phot. Hauser et Menet.

Ayuntamiento et plaza Mayor.

épreuves, Salamanque restait toujours une ville d'art. A peine est-il besoin de parler des rétables dorés et rocailleux qui venaient prendre place sur tous les autels, des chapelles de couvents qui se multipliaient — car chaque ordre, pour ainsi dire, s'était doublé de sa réforme — et qui sont, en général, d'un intérêt médiocre, telles que *Saint-Elias* (1703) aux *Carmes déchaussés*, et l'église, antérieure d'une quarantaine d'années, des *Carmes de la Trinité*, place Colomb. Mais à cette époque, l'illustre Churriguera érigeait le dôme de la cathédrale et créait un style qui manifeste son influence dans plusieurs églises construites à Salamanque à cette époque, telles que *Saint-Sébastien*, *Saint-André*, près de la porte San Pablo, *Saint-Boal*, *la Magdalena*, ou encore, en face San Cristobal, l'*hôpital de la Miséricorde*, confrérie qui recueille et ensevelit les cadavres des pendus.

L'œuvre monumentale la plus importante du XVIIIe siècle est, à Salamanque, la *Plaza Mayor*. On sait que chaque ville d'Espagne a sa plaza Mayor. Toutes ces places sont conçues sur un modèle à peu près uniforme. Celle de Salamanque est la plus belle de toutes. On l'édifia à partir de 1720, d'après les plans de l'architecte Andrès Garcia de Quiñones, et les travaux durèrent un demi-siècle. Au nord de la place, tout entourée de portiques, se trouve l'Hôtel de Ville.

Le portique de l'Est fut terminé le premier. Il est décoré, au-dessus des arcades, des médaillons des rois, d'Alphonse XI à Ferdinand VI. Cette série se continue, au Midi, par celle des grands capitaines espagnols depuis Bernardo del Carpio. Les autres façades sont restées dépourvues de médaillons.

Phot. de l'Auteur.

Place du Corrillo.

Et l'on ne peut que s'émerveiller de voir que Salamanque ait mis tant de persévérance à s'embellir malgré la rigueur des temps. Au début du XVIIIe siècle, la ville avait été attaquée par les Portugais. Elle eut alors le courage de démolir elle-même les faubourgs qui gênaient sa défense, et convertit les couvents en forteresses. Les étudiants laissèrent là la guitare, et, comme ils avaient déjà eu maintes fois l'occasion de s'exercer contre la police, ils furent pour les soldats de précieux auxiliaires. Les moines eux-mêmes prirent l'escopette. Les femmes, sans crainte des projectiles, distribuaient les vivres et les munitions. Ce fut un siège très pittoresque. On raconte qu'un jour, la muraille, entre la porte de Sancti Spiritus et celle de Santo Tomás, étant abattue, on la remplaça, pendant la nuit, par une autre, peinte sur toile en trompe-l'œil, avec une telle vérité que les ennemis accordèrent une capitulation honorable. Ils ne laissaient pas moins derrière eux des désastres irréparables.

Ceux-ci se renouvelèrent en 1811. Vieux murs et jeunes étudiants eurent alors à subir les assauts des troupes de Napoléon. Les Français, sous les ordres du général Thiébaut, avaient converti en forteresses le collège de l'Archevêque, les couvents de Saint-Vincent et de San Cayetano, tandis que la ville était entre les mains des alliés, Anglais et Hollandais. Et, avouent les historiens espagnols, on ne peut dire lesquels firent le plus de mal, des ennemis ou des alliés. Quand le siège fut terminé, les quartiers du sud-ouest n'étaient plus qu'un monceau de ruines. Les collèges du Roi, d'Oviedo, de Cuenca et le collège trilingue n'étaient plus que décombres.

Depuis lors, les ruines ne se sont pas relevées ; la poussière ensevelit lentement les murailles écroulées. Du collège des Irlandais aux bords du Tormès s'étend une solitude pleine de mélancolie.

La ville elle-même est devenue une paisible cité provinciale d'environ vingt-cinq mille âmes. L'effectif de ses étudiants est tombé de sept mille à cinq ou six cents. Salamanque a la sagesse de ne pas trop modifier sa physionomie d'autrefois. Quant aux monuments modernes, ils sont, fort heureusement, peu nombreux. Quelques statues assez banales, comme celle de fray Luis de Léon, sur la place de l'Université ou celle de Colomb, sur la place de ce nom, prouvent que la statuomanie n'a pas épargné Salamanque. *L'église de Saint-Jean de Sahagun*, édifiée à la place de l'église romane de San Mateo, nous montre, au-dessus d'un portail étriqué, deux lourds bas-reliefs de bronze qui représentent les miracles du saint. Le style moderno-gothique de ce monument ne nous fait pas souhaiter de voir se multiplier ces tentatives d'architecture. Leur plus grand inconvénient serait d'amener la destruction de ce passé plein de grandeur et de poésie qui fait aujourd'hui encore le charme de Salamanque. Charme unique et pénétrant qui, selon la parole que Cervantès met dans la bouche du licencié Vidriera, « affermit la volonté d'y retourner, chez tous ceux qui ont goûté la douceur d'y vivre — « *que enchiza la voluntad de volver a ella a todos los que de la apacibilitad de su vivienda han gustado* ».

Lorsque Charles-Quint visita Salamanque, on harmonisa les cloches, de manière à former une symphonie comme ces carillons qu'il entendait en Flandres. Peu à peu ces voix se sont enrouées, puis, beaucoup, une à une, se sont tues. La majestueuse harmonie des cloches n'existe plus. Que Salamanque, qu'Avila, que Ségovie, que toutes ces vieilles villes de la vieille Espagne se gardent bien de laisser disparaître un seul de ces monuments qui font leur orgueil, car pour quelques-uns qui tomberaient encore, la magnifique harmonie du passé que le voyageur vient entendre entre leurs murailles historiques se tairait aussi pour toujours.

Phot. Hauser et Menet.

Avila. — L'enceinte et les bords de l'Adaja.

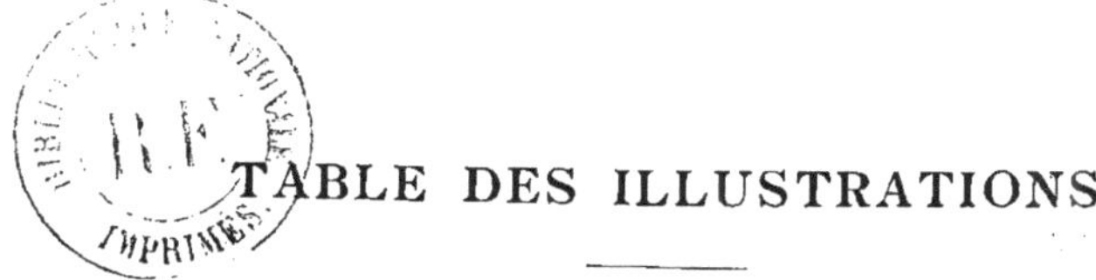

TABLE DES ILLUSTRATIONS

SÉGOVIE

AVILA

SALAMANQUE

Phot. de l'Auteur.

Avila. — Sur le parvis de l'église Saint-Pierre.

Phot. Hauser et Menet.

Salamanque. — Eglise de San Benito.

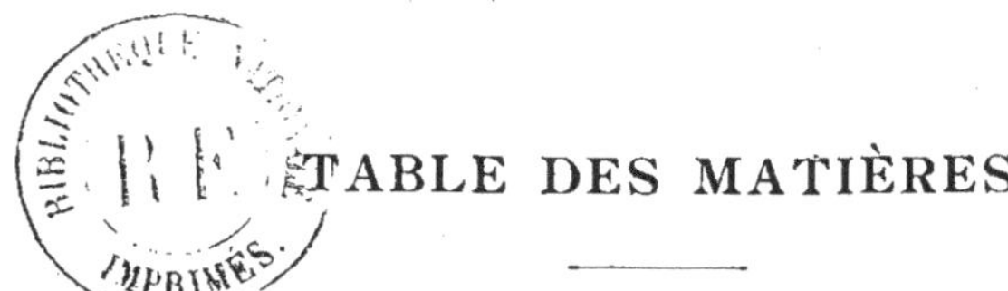

TABLE DES MATIÈRES

SALAMANQUE

Photo de l'Auteur.

Ségovie. — Un patio calle de Escuderos.

ÉVREUX. — IMPRIMERIE CH. HÉRISSEY

www.ingramcontent.com/pod-product-compliance
Lightning Source LLC
Chambersburg PA
CBHW072114090426
42739CB00012B/2961

* 9 7 8 2 0 1 9 2 0 5 6 5 2 *